＊目次＊

三十一 プラクティド17

に泊る演劇・文化

（頁68〜98）

【講演録】

『園さんを書く』『〜』を読んで、演劇とは、文化とは、なにかを考え直すべく、そこでの発表も、文学の...

69　　第三講　三　建築史研究のパイオニア

米　實行

人を活かし「ミステリーファン」を大いに楽しませる

39　　第二講　二　宮沢賢治

近藤　雅樹

『園さんを書く』を書いた宮井商事の事情を読む

5　　第一講　一　幕田義春

宮井　緑

幕田義春と出田市雄子

2　　はじめに

佐々木

第一講　演劇を人が集まり語る

はじめに

日韓記者・市民セミナー　ブックレット第17号は『日韓史の真実に迫る演劇・文化』をテーマにしました。

都合の悪い事実はなかったことにしよう。歴史を隠蔽し、歪曲してでも「自虐史観」から次世代を守らねばならない。それが「美しい国」を標榜するこの国の指導層の醜い実態だと私たちにはわかっています。

与野党の総裁が代わります。淡い期待をもちながら、候補者の立候補演説をテレビで見ていると、誰もかれも実に歯切れのいい美辞麗句で自身をショーアップしています。

しかし、彼らの言葉が胸にすとんと落ちて来ないのはなぜでしょうか。私に投票資格がないからピンと来ないのでしょうか。そうではありません。

裏金疑惑や旧統一教会との癒着など、国民の疑惑が消えていないのに、口では「丁寧に説明する」と繰り返す指導者の姿。それがきちんとなされた試しがないから、政治不信は一向に解消されることなく、深まるばかりです。目を覆うような投票率の低さが列島を覆っています。その延長線上に総裁選があります。

「誰がなっても変わらない」とうそぶき、投票しない有権者が多ければ多いほど組織票を持つ

政党が勝ちます。それこそ執権政党の思うつぼです。その自明の理がわからず、選挙権を放棄する無責任さが当たり前になっているから時代と世代が変わっても、この国の「寄らば大樹」の本質は変わらないということになります。いい加減に目を覚まして「一党独裁」の悪循環を絶ちませんか。

祖国が統一したら韓国に帰って技術者になるつもりだった金守珍さんでしたが、大学四年生になっても「朝鮮籍」ゆえにどこにも就職できませんでした。そんな時に出会ったのが劇団民藝の金芝河の作品でした。演劇に出会って自分の居場所が見つかったと言います。

新宿梁山泊の劇を引っさげて韓国に乗り込んだのは「僕らは日本にいて韓国人として朝鮮人としてしっかり生きているよと伝えたかった。全く在日に関心がない韓国人というものと、北朝鮮に騙されて行った友を思うと、個人で戦うしかない」と。その心意気が金さんの劇に一貫して流れています。韓国語が喋れない、軍隊に行ってないからといって差別される在日の悔しさを『夜を賭けて』という映画に残したとも語ります。

広戸聡さんは自身が所属する青年劇場について、「より良く生きたいと願う多くの人たちの思いと繋がり、演劇を通じて関わっていく。そうすることによって日本の民主的な演劇が発展する」と語り、日本が抱える問題に青年劇場が向き合ってきたことを教えてくれます。韓国・朝鮮に関わる作品も多く手がけ、韓国全土でも精力的に公演を続けてきました。

初めて出かけた海外旅行先の韓国で韓国演劇の言葉の響きに感動したことで韓国語を学び、尹

東柱の存在に出会うことになります。代表的な詩「序詞」に心が突かれる思いがしたと語ります。それが後に演劇『星をかすめる風』が世に出るきっかけになりました。

宋富子さんは幼い頃から壮絶ないじめにあってきました。自ら命を絶とうとしたことが何度もありました。宋さんの時代も今も手を変え品を変え、ヘイトスピーチはこの国で続いているということです。

在日大韓基督教川崎教会の李仁夏牧師らとの出会いが、史実に無知だった宋さんを過去のくびきから解放し、豊かな生へと覚醒する契機になりました。

「為政者の愚民政策に識者も市民も気づいて声を上げて生きないといつまでも市民は無知のまま付和雷同です。まともな教育をしないと社会と文化は悪い方に押し流されて戻れません。だから地域で在日と市民、ニューカマーで作る歴史館が大切なのです」と川崎歴史ミュージアムの設立を訴えています。

二〇二四年九月二六日

一般社団法人ＫＪプロジェクト代表　裵哲恩（ペー・チョルン）

第1講　我が演劇人生を語る

金　守珍

——演出家　新宿梁山泊代表

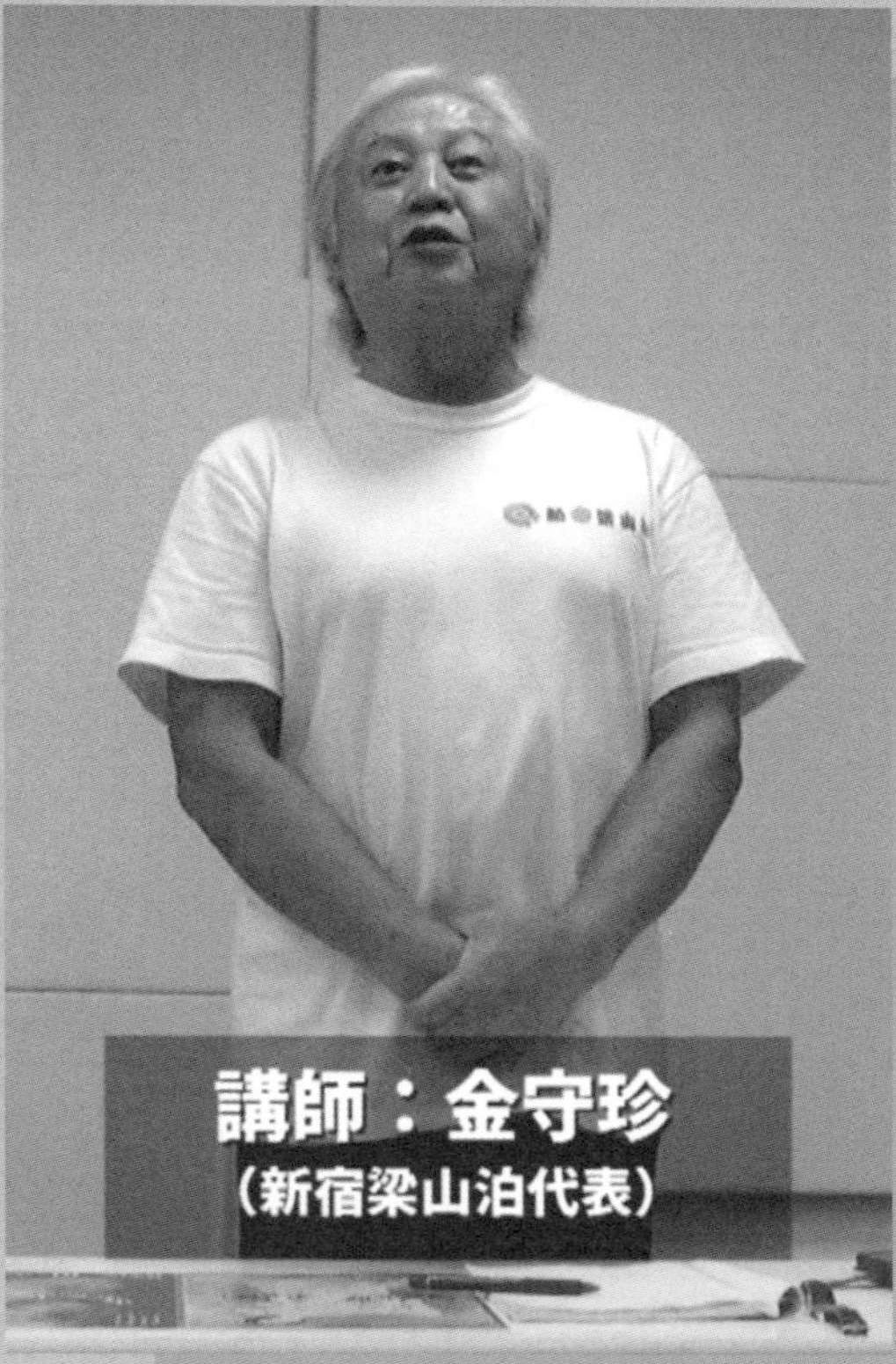

ただいまご紹介にあずかりました金守珍（キム・スジン）と申します。オモニは福島の会津田島で生まれた在日二世です。アボジは一世で、今の慶尚南道昌原市です。そこから一八歳のときに日本に来まして、福島でおふくろと出会い僕がいます。

僕は一九五四年（昭和二九年）一一月二三日の午年生まれで、もうすぐ六九歳になります。未だに演劇を志して舞台芸術に邁進しています。

東京府中で生まれまして、競馬場で遊んでいた記憶があります。親父の職業とともに転々と引っ越しして定住しないままでしたが、演劇もテントですので、年がら年中引っ越しをしています。プロの引っ越しより上手いんじゃないかというぐらい、根無し草で生きてきました。

僕は演劇に出会って自分の居場所が見つかりました。演劇は嘘の世界です。二時間という中での虚構ですけど、そこに真実は何なのかということを、真実を超えて探し出します。

『金子文子と朴烈』という映画に僕、裁判官の役で出て朴烈（パク・ヨル）に死刑判決を下し、その二年後に『英雄』（ヤンウン）というミュージカル映画で伊藤博文を暗殺した安重根（アン・ジュングン）に死刑判決を下しました。韓国の名だたる英雄に死刑判決を下す役をいただいています。

その演劇の話の前に、僕の親父はやっぱり、「祖国が統一したら帰るんだぞ」「日本はあくまでも仮の住まいだ」と言っていたんです。日本の方には失礼だと思いますが、「日本人は信じるな」

とも言っていました。

僕は小中高と朝鮮学校でしたが、朝鮮学校から日本の大学に行くことが難しい時代だったので、定時制高校（都立大山高校）の四年生に編入して受験資格をもらって東海大学に進学しました。友達はだいたい朝鮮大学でしたが、僕は中学の頃から何か疑問を感じながら、朝鮮学校で学んでいました。

今日この場に来たのは、関東大震災の朝鮮人虐殺の問題が大きくあります。僕らは小学校のときからそのフィルムを見せられ、遊びで「十円五十銭言ってみろ」とやっていました。それぐらい身近にあり、笑い飛ばしながら、むごたらしい過去がこの日本であったということを学んできたわけです。

＊演劇との出会い　戒厳令下の金芝河と唐十郎の演劇

僕は、祖国が統一したら韓国に帰って技術者になるつもりで東海大学電子工学部を卒業しました。でも朝鮮籍だったものですからどこにも就職できない。そういう時期の、金芝河（キム・ジハ）の死刑判決が、僕には人生を変えるぐらいの衝撃でした。敬虔なクリスチャンでありながら、朴正熙（パク・チョンヒ）政権によって、彼がなぜ死刑判決を受けたのか？　日本の唐十郎と李麗仙が戒厳令下の西江大学（ソガン大学）で戦後初めて演劇をやりまして、金芝河が『金冠のイエス』、唐十郎と李麗仙が『二都物語』でしたが、このことを知って金芝河という人にすごく興味を持ち、彼の作品をいっぱい読みました。

東海大学では空手部に所属したし、中高は極真会で大山倍達直々に修行もしました。朝鮮高校と国士舘とかがしょっちゅうぶつかったものですから、僕も豪徳寺とか梅ヶ丘まで遠征しました。僕が空手部のときに、柔道部にパク・キョンソンという北海道の大会で一位になった猛者がいました。あるとき彼に演劇を見に来ないかって言われて行ったのが金芝河の作品でした。『鎮悪鬼（チノギ）』という四つのお化けの話で、その主演をやっていたキム・スンチャの芝居を見て、演劇に衝撃を受けて、訳もわからず涙が出て、演劇というものは何なのかと思うようになりました。

大学四年になっても就職活動できない。そんなときに、劇団民藝で金芝河の作品を米倉斉加年（よねくら・まさかね）さんがやっていたんです。『燕お前はなぜ帰らないのか』とか、絵本にしたりして。それで民藝に興味を持つようになり、「民藝友の会」に入っていろいろ観ました。その中に関東大震災の作品もありまして、民藝に入りたいなと思うようになったんです。それまでアマチュアの劇団の音響・効果を手伝いながら、蜷川幸雄（にながわゆきお）という人の芝居を見て、日本人にもこんなすごい人がいるんだとは思っていたんです。

それで民藝に入ろうとしたけれど、その年、民藝は新人募集しなかった。ところが蜷川幸雄のところがたまたま募集したんです。それで試験を受けて、落ちて、抗議して入れてもらった（笑）。そういうちょっとした劣等感をずっと引きずりながら、蜷川さんのもとで修行しました。唐十郎と李麗仙の劇を演じる役者たちの、駄目出しモデルとして僕が使われました。

唐十郎の芝居を見ても、僕には全くわからないんです。訳がわからないまま、どんどん時が過ぎて行く。僕の中で、なぜ蜷川幸雄が唐十郎にここまで入れ込むのか分かりたいと思うようになりました。

それで蜷川幸雄にお願いして五年間修業に出ました。丁稚奉公のつもりで押しかけて、研究生以下の「試育生」と呼ばれて、いつもセット作りとかやらされたんですが、ある時に李麗仙が「入れてあげたら」と言ってくれて、劇団に入ることができました。五年で戻るつもりが、なぜか三〇年が過ぎてしまいました。

その後、蜷川さんが他界されて、宮沢りえさんと森田剛さんの『ビニールの城』の演出の代役を務めました。

＊『少女都市からの呼び声』と『失われた歴史を探して』

それでこの『少女都市からの呼び声』というものを、シアターミラノ座という新宿の大きなビルの劇場で、関ジャニ∞の安田章大くんを主役に添えてやりました。実は六月にテントでやたんですが、僕の中では秋に向けて用意してまして、三本とも同じ作品を演出と役者を変えてやっています。

役者でただ一人だけ変わらないのが風間杜夫さん。大変有名な日本のトップ俳優ですけど、風間さんはなぜかあのつかこうへいの劇団出身です。つかこうへいが韓国人であることは重々承知ですが、僕は風間さんにかわいがられて、テントから商業演劇からまた小劇場と、三本出ていただきました。来年六月の花園神社のテント公演にも出演されます。

もう一本、スズナリ（下北沢ザ・スズナリ）で、この『少女都市からの呼び声』と一緒に『失われた歴史を探して』をやります。

百年たって何も変わらない。また元の時代に戻っているような気すらあります。歴史認識がどんどん右旋回していく中、この『失われた歴史を探して』は金義卿（キム・ウィギョン）先生の、今から三十数年前に書かれた戯曲です。金義卿先生はそのときソウルオリンピック開会式の芸術監督を務めていましたが、それで日本に来られたとき、僕は汐留の線路の上に舞台を作って、鄭義信（チョン・ギシン）と、癌で他界してしまいましたが金久美子（キム・クミジャ）と『カルメン夜想曲』をやりました。それをこの金義卿先生がご覧になって、それからのお付き合いです。

もう一つ今、満州で創立してから八〇年の歴史がある文化座（佐々木愛さん主宰）が、金義卿先生の作品、『旅立つ家族』を上演しています。これは「韓国のゴッホ」と言われる画家・李仲燮（イ・ジュンソプ）のことで、牛の絵が五〇億円もするという作家の話です。四〇歳になるかならないかで病死しましたが、奥さんは日本人で山本方子（まさこ）さん。奥さんに取材して、新たにオリジナルで僕らが『旅立つ家族』を作り上げて一〇年間ずっと演劇鑑賞会で回っていまして、今青森公演で、もうすぐ札幌でファイナルします。沖縄以外は全部回ったと思います。大変なヒット作ですけど、第二弾がこの『失われた歴史を探して』です。これはまさに関東大震災の真っただ中の話で、今まで被害者側で書かれていた作品を、加害者側から述べる画期的な作品になっています。

史実をやるんだったら真実はどこにあるか。僕らに答えはないです。それは観客の皆さんが後で考えていただければいいし、僕らがどこの視点から、どうこの作品をやるかはもう曖昧です。

＊唐十郎から新宿梁山泊の立ち上げへ

隣にいるパギやん（趙博）との出合いは一九八六年でした。『張吉山』（チャンゲサン）という小説を書かれた黄晳暎（ファン・ソギョン）さんが、光州事件を暴いたことで収監されていたところ、ドイツのペンクラブが招請して、特別に許されてアメリカに渡り、日本に立ち寄り、韓国へ帰国してまた収監されました。そのときに彼は「統一劇」というのを日本で作りたいといって動きます。アメリカで留学生と作ったものを日本で作りたいと思って大阪で始めたけどできなかった。それで東京に来て、力を合わせて作り上げて、それをパギやんにご尽力いただいて大阪に持って行きました。もう大変な思いがあります。

「統一劇」にはキム・スンチャさんも出演なさっていて、僕はキム・スンチャさんの芝居を見て興味を持ったわけで、彼がいなかったら多分僕もここまで来てないなと思うんです。

新宿梁山泊は唐十郎の劇を受け継ぐものですが、「統一劇」をやったときには在日がバラバラになってしまいました。

黄皙暎さんが来られた飲み会の時のことですが、たかだか新宿の飲み屋に集まっただけで、大使館が動くんですね。僕は朝鮮籍でしたから、韓国籍に変えろと言われたり、黄皙暎さんがハングルでやりたいというと総連系がどうしても来るわけですよ。朝鮮大学出身者とか。

そのうちに黄皙暎さんの取り巻きたちが、帰ったら死刑になると言われたんです。

つまり、一応、外に出たけれどまた収監されたときに、僕らと出会ったことをスパイと出会ったことにされて罪が重くなって死刑になるとまで脅されたわけです。その中にキム・ドッチョルさんという方もいて、「あれは北朝鮮のスパイ」とまで言われて、キム・ドッチョルさんとも大喧嘩になり、本当に在日がバラバラになったお芝居なんですね。

バラバラになったからもう一回集めろよといった鄭義信くんと一緒に、マダン企画というところで、『明日、ジェルソミーナ』という作品で、フェリーニの『道』を題材にしながら、光州事件を我々の痛みとしてどう表現するか、をやりました。そのときにまた、朝鮮大学の人もみんな集まってもらう。なぜかというとその人たちの首を切るときに、「なんで僕は何もしてないのに」って、「とにかく、俺は死刑になっちゃ困るから」って言ったんです。その責任もそうですし、だけど僕は朝鮮籍から韓国籍に変えるつもりはなかったもんですから、少しずつ、少しでも先生の罪が重くなることのないように気をつけながらやりました。

でも先生が帰られた後はものすごい宿題が残ってしまいました。僕はそのときまだ唐十郎の劇団員でしたが、ここで落とし前じゃないですが、これをやるために、唐十郎や李麗仙に内緒でやって、それがなかなかうまくいかなかったんです。

それで退団してから新宿梁山泊を作って、唐十郎演劇はしっかりやるけど、特に我々在日はこれからどこに向かうのか含めて、やっていこうということで新宿梁山泊を立ち上げました。

＊演劇を通しての、韓国への「殴り込み」

梁山泊を立ち上げたとき、劇団員は在日の方が多かったです。韓国がまだ日本文化禁止の一九八九年でしたが、着物を着て日本語で公演しに行ったんですね。

そのときの内容は、関東大震災で「井戸に毒を入れた」というものでした。鄭義信と僕の作品には井戸が必ず出るんです。汲むと赤い水が出てくる。そういうところで関東大震災を思いながら、僕らなりの表現をしてたんですね。

韓国の方では在日が来たということで、在日の劇団だから本国に何かプレゼントを持ってきたかと思ったら、着物着て日本語なので「新たな文化侵略」と書かれました。

でもそのとき僕らは三分の一がコリアンであとは日本人の劇団でしたから。三〇名で行ったときに、それはもう無理ですよね。字幕もないんです。片言のハングルやって。もっとも僕の場合は視覚的に、音楽とビジュアルで何か通じると思っていますから。ソウル公演をやって、その後に全州公演をやって、釜山でやるときには慶星（キョンソン）大学でやったんですけど、民主化闘争の中で自殺した学生の三回忌追悼かな、火炎瓶で火の海なんです。僕ら催涙弾が入ってきたら公演できないので、目張りしながら学生たちとも対話したんですが、やはり日韓のいろんな公演会でも、衝撃的ないろんな話を聞きました。

演劇を通して、ある意味で韓国に殴り込みをかけたというか、僕らは日本で、韓国人として朝鮮人としてしっかり生きているよと伝えたかったんです。全く在日に関心がない韓国人というものと、北朝鮮に騙されて行った友を思うと、何か組織とかそういうことじゃなくて個人で戦うしかない中で、僕は劇を武器にまず乗り込んだ。やっぱり韓国の作品を勉強してこれからもやらなきゃいけないというときに、呉泰錫（オ・テソク）さんに出会って、呉泰錫の『ＴＯＲＡＪＩ』（トラジ）という作品を未だに機会あるごとにやってます。

＊『ＴＯＲＡＪＩ』（トラジ）

これは金玉均（キム・オッキュン）という、三日天下で終わった韓国の言わば維新の話です。保守的な思想の閔妃（ミンビ）を暗殺していれば成功したでしょうけど、残したために結局は閔妃に暗殺される。

金玉均というと、僕は売国奴で親日派であり我々の敵だと思っていたら逆でした。演劇が面白いのは、立場によって愛国者にもなれば売国奴にもなる。

たいへん勉強になったのが、金玉均が若くして地位を得て、日本政府が彼を保護して小笠原で三年間いたときには、学校を作って島民をハングルで教育したらしいです。それで皆さんにアボジと呼ばれて慕われた。

結局暗殺されて、八つ裂きにされて魂も戻ってこないように、ソウルでさらし首にされたときに、小笠原で書生だった和田信次郎という人が、先生の髪の毛を切ってずっと巣鴨のお寺で供養してたということです。

その供養の仕方が「トラジ」いう白い桔梗の花の根っこを使うんです。白は我々民族の白、トラジの根っこ。日本では、桔梗の根を入手するのは大変ですから、大根を代わりにして八つ裂きにされた体を元に戻して供養した。これは事実です。それを呉泰錫さんが作品として韓国で公演したら、ものすごいバッシングがありました。

呉泰錫さんは韓国代表で世界演劇祭に出るほどの人で、日本にも招請されて何度も来てるんですけど、「日本かぶれだ」「親日派だ」とすごい攻撃を受けました。『ＴＯＲＡＪＩ』は韓国で公演できなくなりましたが、今、僕がそれを受け継いで韓国でも公演し、日本でもやり続けています。

＊『百年風の仲間たち、風まかせ人まかせ』

百年という単位が何なのか。パギやんと僕が最初にやったのが、今からもう一二年前ですけど、『百年風の仲間たち、風まかせ人まかせ』です。

大阪に僕らがよくお世話になっている「風まかせ人まかせ」というお店があったんです。そこに、フィクションですけど在日が集ります。皆んないろんな経験をしています。韓国に留学してスパイで捕まって拷問を受けたという人、朝鮮総連で一生懸命やったけど挫折した人間、いろんな在日がいて、それが二〇年ぶりに顔を合わせて、喧々囂々《けんけんごうごう》、お酒飲んで喧嘩が始まって言い合いになる。それを新聞記者がルポしているというフィクションを、トンスン・アートセンターでやりました。

ボーダーラインのボーダーを一つの文化として考えて、在日こそボーダーじゃないかということです。僕が何をしようかなと思ってるときに、カルメン・マキのコンサートを見に行ったらパギやんが出てきて『百年節』という歌を披露したんです。百年が一五分ぐらいのその作品が、見事に百年を語っていました。日本に住んで何が残ったのかという歌ですけど、ガツーンときまして、これを芝居にしたいと。パギやんに相談して韓国に二ヶ月間缶詰にして、一ヶ月間公演しました。

これは北朝鮮への帰国事業を中心にしたもので、そのときに北へ行った人たちの思いを考えたんです。「これは美味しい。マッコリのこの味は何？　何か隠し味があるんじゃないか」って言ったら、それは作りながら家族を思って流す涙が染み込んだマッコリなんです。「風まかせ人まかせ」のおじさんが、そういうマッコリを作り、そのマッコリ飲みながらみんなで会話する。

あるときに北朝鮮から手紙がきます。向こうに行くときに、「鉛筆で書いたら嘘の話だよ。反対に読む」、万年筆で書いたら「本当のことだよ」と言われた手紙です。「先に行くから待ってろよ、情報を送るから」と約束した手紙でした。しばらく音沙汰がなかったからうまくいっているのかと思っていたところに、「この国に来て本当に幸せだ」「何もかも無料、何もかも国家が、太陽のような人が我々を守ってくれてる」と鉛筆で書いてあった。

僕らも涙が出ました。これは韓国の役者とやっていたんです。在日というものを韓国人にわかってほしいと思って、それが一ヶ月で大成功して、パギやんの『百年節』のＣＤは飛ぶように売れました。それでこんどは新宿梁山泊で日本の役者で作り直して、トンスン・アートセンターに持っていきました。

そうやって行ったり来たりしながら公演しました。我々在日が日本で生きてきた証をどうしても本国の人間に知ってもらいたいという思いが強くあったんです。

言葉が喋れない、軍隊に行ってないからといって差別されたりする悔しさを、『夜を賭けて』という映画に残したんです。映画監督協会、毎日映画コンクール新人賞をいただきました。山本太郎主演で樹木希林さん、清川虹子さん、風吹ジュンさんも出ています。これは梁石日（ヤン・ソギル）の小説です。その後に出た『血と骨』で、ビートたけしが作ったのは腹が煮えくり返るんですが、『夜を賭けて』で出したものが、在日としての、ある意味の真実だと思うんです。

＊「不服従が残った」

そういう中での百年で、僕らに何が残ったか。パギやんは「不服従が残った」ってやるんです。プルスンジョン（不服従）。百年の時代、時代に歌があります。それを彼がギターを弾きながら歌うといろんな背景が見えます。その『百年節』というものを演劇に乗せていく。そうすると日本の方から、「すごく面白いんだけど、自分らどこに入って観ていいかわかんない」と言われました。在日だけで作っちゃったかなと、ちょっと反省の念もあるんですけど、でもパギやんをもう一回呼んで、今一生懸命作ってます。

パギやんは、本来は塾の名物講師なんです。給料を棒にふって旅芸人して、ちょっと理解不可能なところがあるんですけど、今は芸人としてマルセ太郎の「スクリーンのない映画館」を受け継いでいます。レパートリーは『飢餓海峡』『砂の器』…、最初は『泥の河』ですね。

マルセ太郎さんが朝鮮人であることを告白し始めたのが、やっぱり『泥の河』がきっかけなんです。叔父さんが四・三事件でむごたらしく殺されている。そのことを忘れて、無かったことにして、日本人として一生懸命生きてきた。でもどこかでそれがわかって、癌で余命三年とか言われたときに、済州島でも『泥の河』を公演しました。その芸をパギやんが受け継いでいます。

『福田村事件』が大ヒットしていますが、そこにも在郷軍人会の役で、パギやんは出演しています。福田村事件までがこの作品に入ってくるんですよ。九月一日に『福田村事件』が公開されたこともそうですけど、梁山泊もそのとき稽古開始なんです。『失われた歴史を探して』は、「九月一日」に照準を合わせたドラマにしています。

＊真実とは何かを考える

やっぱり真実って何なのかを考えます。例えば、被害者側から見ると、「殺された、殺された」ですが、つい最近どこかの新聞で、加害者側である日本人の中でも、警察署長が井戸の水を飲んで見せて三〇〇人の朝鮮人を救ったという記事も拝見しました。百年たって、やっとポツポツポツポツ出始めた。歴史ってそういうものなのかと思います。

『夜を賭けて』も済州島四・三事件の話です。そこから逃れてきた山本太郎が、日本で鉄をかっぱらい、アパッチやりながら、北朝鮮帰国事業もある中で、自分はもう逃げるのは嫌だといって、日本にとどまる決心をする映画なんです。

とにかく僕らは、日本で生まれ育って、「朝鮮人、国に帰れ」って言われてもいろんな矛盾を含めて日本にいる。今、ニューカマーと言われる移民の方も大勢いますが、僕らの場合は移民ではない。来たくて来たわけじゃない。

まして僕は統一したら帰るんだぞと教えられた。でも今は祖国が統一したからって、帰る場所はないと思います。自分の居場所はどこにあるのかそれを探しながら、演劇の中の虚構の中にしか僕は居場所がないんですね。

日常生活ではいろんなところに矛盾があります。子供も成人して、僕の奥さんが日本人なもんですから二重国籍ですよね。どっちか選ばなきゃいけないって言われていますが、選ばなくてもいいんじゃないかという人も結構いるんですね。ずっとどっちも申請しないで欲しいというのが国家にはあるみたいですね。わかる人がいたら教えて欲しいんです。

ぜひ皆さんにこの『失われた歴史を探して』を見に来てほしいと思います。

金義卿先生は、ソウル・オリンピックをやる前の八五年に日本に来られて、千葉県八千代市の観音寺に朝鮮人の慰霊碑を立て、鐘を寄贈しました。呉充功（オ・チュンゴン）さんがそれをドキュメントに撮ってくれましたが、鐘ももう三十数年経って、いろいろ修理しなきゃいけないんで今また基金を集めています。

＊中山ラビの「十三円五十銭」

「十円五十銭」で、僕らよく遊びました。韓国人は「つ」の発音ができないんです。「お疲れさま」は「おちゅかれさま」になっちゃう。だから「十円五十銭」は「ちゅうえんごじゅっせん」になる。今の若い人も、韓国から来て、お疲れ様って言えないです。

中山ラビさんをご存知ですか。他界されましたが、フォークシンガーとして大変有名な方です。実は二十歳になったときに自分が朝鮮人であることが戸籍を見てわかったんです。それまで日本人として生きてきた。彼女と韓国公演をしたりしましたが、「十三円五十銭」という歌を残しています。ちょっと聞いてください。

♪　趙博さん（パギやん）――

「十三円五十銭」

人が帽子を 上げる
呼び声が 聞こえる
確か こっち向いて
にこやかに 笑いかける
だけど だけど 弟と
知らんぷりして 通りすぎる
身を守るため 十三円五十銭

耳元で 歌が聞こえる
ちんちろけの バラード
確か こっち誘って
のど仏が 招いてる
だけど だけど 弟と
かたく 閉ざしてひたすら
身を守るため十三円五十銭

前歯が 欠けてる
扁桃腺が ふくらむ
確か 仲間だったが
目付きが 変わったよ
だけど だけど 弟と
どもるだけで すべて終わりさ
身を守るため 十三円五十銭

どもるだけで すべて終わりさ
身を守るため 十三円五十銭

（趙博さん）

ラビさんは朝鮮語なまりで歌ってますよ。「弟と」は「おどうとと」。

この歌は実はラビさんがデビューした一九七二年のアルバムに入れてるんですよ。聞いてるはずだったんですけど、なんて言っているのか当時は分からなかったんです。僕も高校生で。改めて聞いてみたら、関東大震災の歌。デビューの時から、ラビさん歌っていたんだと思って…。

（金守珍）

やっぱり朝鮮人虐殺ではむごたらしくて、思いを残して亡くなった人たちの慰霊というか鎮魂というか、その人たちの叫び声は未だに解消されてないと思うんです。忘れていけない。このまま過ぎ去ってはいけない。なぜかというと、何年か前までは、無かったことにされていましたからね。

やっとここ十年、そういうことがあったことが言われるようになりました。僕が小学校のときはそんなことは嘘、デマで、逆に僕らがデマを言っているみたいな受け止めでした。あまりにもむごたらしいことなので。やっと虐殺を認めてきたというところで、死者たちの思いは、忘れてはならないと思うんですね。

生きている僕らとしてはどうしたらいいか。いろんな思いで演劇に取り組んでいますが、唐十郎の満州は日本にとって何なのか。安倍晋三のおじいさんは岸信介で、統一教会・文鮮明は北朝鮮で満州帝国の人たちで、その満州帝国の繋がりが未だに統一教会と日本の自民党にある。

ですからその満州の夢を未だ放棄してないというのが僕個人の意見です。「新幹線」がこの日本列島の背骨を走っているけれど、これは満鉄で使った名前だと聞いて、もうびっくりですね。旅順から長春に行くこの満州鉄道の名前をそのまま残したんです。これは脅威だし、みずほ銀行もそうで、そういう名前がいたるところに残っているのは、おじいちゃんの夢を叶えようとしていたんじゃないかと思う。北朝鮮には核があるから、先制攻撃でいつやっつけてもいい、その向こうには満州がある。今朝鮮族が自治権を持っていますけど、満州帝国の悪夢は未だに消えてないし、忘れてない。このことについて誰も言わないのはおかしい。関東大震災の井戸と同じように。

満州帝国っていうものは日本人の中で何だったのかと思います。関東大震災があって、災害のない朝鮮半島、そして政治は満州でやる。朝鮮半島を落とし、日本の領土にして米作りは朝鮮で。全州というところ、金堤（キムジェ）平野って米作りの平野があるんですよ。そこで『夜を賭けて』を撮影しました。日本が米を作るために、全部立ち退かしたこともあるんですけど、やっぱ群山っていうとこは米の基地で、満州帝国に供給する基地だったんですね。

日本は火山あり台風あり、地震があり、関東大震災の後の東北大飢饉で女性が売られました。『サンダカン八番娼館』という熊井啓さんの映画があるんですけど、そういう中で満州帝国ができてたと思うんですね。それを話すと全然違う話になっちゃいますんで、それはそれでやり続けてます。唐十郎を通して僕は満州の悪夢、唐十郎と一緒にその中に読み解いていこうと思ってます。

生きてる僕らがこれからどうしようか、どうしたらいいか。個人では演劇とかやってますけど…。そこで、死者たちのやっぱり思いがある歌、これも僕は好きな歌ですが「死んだ男の残したもの」をお聞きください。

♪　趙博さん（パギやん）――

「死んだ男の残したものは」

死んだ男の残したものは
ひとりの妻とひとりの子ども
他には何も残さなかった
墓石ひとつ残さなかった

死んだ女の残したものは
しおれた花とひとりの子ども
他には何も残さなかった
着物一枚残さなかった

死んだ子どもの残したものは
ねじれた足と乾いた涙
他には何も残さなかった
思い出ひとつ残さなかった

死んだ兵士の残したものは
こわれた銃とゆがんだ地球
他には何も残せなかった
平和ひとつ残せなかった

死んだ彼らの残したものは
生きてる私　生きてるあなた
他には誰も残っていない
他には誰も残っていない

歌詞からいろいろ想像していただければいいと思います。

こういうパギやんの歌も、結構お芝居に入ってきます。真実を探しながらも、何か啓蒙的で学者的なものとして発するのではなくて、記憶に残るようなお芝居にしたいと思っています。最初から番傘を持った四人の女性が、詩を奏でながら登場する。金義卿先生の詩も素晴らしいんです。この歌と同じように、

「何一つしてこなかった
忘れたわけじゃない
馬鹿なふりしてたわけじゃない
何一つしてこなかった」

この詩を奏でながら進行します。
また、「井戸に毒を入れた」というデマですが、井戸というものは生命の基本にある。それを舞台の中心に置きながら話を進めてますので、ぜひご覧になってください。

〔質疑応答〕

（司会）ありがとうございました。聞いてみたいところがあればお願いします。『死んだ男の残したものは』を聞かされると、言葉が出ないですね。

（A）そうですね。この関東大震災、唐十郎で言えばちょっとブラックユーモアもできるんですけど、金義卿先生の『旅立つ家族』ご覧になった方いますか。

画家・李仲燮（イ・ジュンソプ）と、山本方子さんの愛の手紙というのが二百何通あるんですね。韓国の戯曲では悪い日本人が朝鮮人との結婚に反対していたにも関わらず結婚して、ほれ見ろ子供を連れて日本に逃げちゃったと。それで精神病になって死んだというのが韓国の戯曲です。

これを日本で公演したら、家族がご存命ですから怒り心頭です。話が逆だったんですね。結婚も、一九四五年五月に世田谷区三宿というとこから北朝鮮のウオンサンまで一人で行ってんですよ。一週間かけて。もう爆弾そこら中で落ちてます。政府の高官をなさってたからお父さんは、結婚を承諾しながら切符をやっと一枚買って、自分も行ってご挨拶したいと喋ってるんです。だから真逆だったんです。下関で乗ろうとした船が潜水艦の攻撃で沈没して連絡線がなくなったんですね。それで博多まで行って、漁船に乗りました。それは漁船のふりをした最後の連絡船で、釜山に行って、釜山からウオンサンまで言葉もできない女一人旅ですよ。すごい女性ですよね。

この山本方子さんは今、佐々木愛さん、その語り部として今も公演しています。僕はこれを今回とりあえず小劇場ですけど問題提起して、一〇年ぐらいかけて皆様の意見を聞きながら育てていきたいなと思っています。

だから僕にとってはこれは勉強の入口です。今まで僕も確かにこういうとこから逃げてたんですよ。ファンタジーの世界で。あまり現実的なものも表現すると重くなります。今の「死んだ男の残したものは」を含めて、そこから逃れられないものもあるんですけど、今はフィクションとして作れる自信もあるし、そこに真実を込めることができるようになりましたんで…。

(Q)『夜をかけて』の話で出た山本太郎は、れいわ新選組ですか?

(A)そうです。彼はもう僕の分身の役で、もう逃げるのは嫌だと、要は済州島四・三事件で一四歳のときに日本に渡ってきた役なんです。

大阪城の周りは今は公園ですが、そこに東洋最大の兵器工場がありました。六万人ぐらいが働いていた。B29が八月一四日に来て、再生できないぐらい爆弾を落として、そのあと一〇年間手つかずだったんです。

そこに、ヨドギ婆さんという朝鮮人のおばあちゃんが、くず鉄を拾って売ったら白金だったんです。戦闘機などを作っていたから。みんな目の色変えて、こぞって夜中に平野川を渡って、掘って売った。だから盗んでるわけじゃない、誰も手をつけないから持っていってるだけだから、今で言うリサイクルですよね。だけど国家は国有財産だと。でも誰も手をつけてないのを掘っていく、これに「アパッチ」という名前が付けれる。これは開高健の『日本三文オペラ』の小説になってます。実際そこで働いてたのが、青年期の梁石日さんと金時鐘さんとキム・ソッポンさん、三人の青春ドラマなんですね。

一〇万人に一人しか、日本人に良い人はいないって、僕ら逆差別してるんです。いつも差別を受けた僕ら側が、日本人をどう見てたかということもしっかり書いてくれたことで、梁石日はすごいなと思います。それまで被害者側でかわいそうというって小説ばかりだったのが、この本で実際そうだよねと思って力を得て、だけどいつか仲良くなれる日があるという。これは奥田瑛二と山本太郎で握手するんですけど。奥田瑛二は一〇万人に一人の良い日本人、警察官です。

実は梁石日の『夜を賭けて』はあと半分、残っています。大村収容所です。これは関東大震災と同じように隠蔽されていて、無かったことにされています。

やっぱり故郷って何なのか。僕らにとって故郷は日本なのに、なんで日本を憎んで、敵対しながら生きてきたのか。僕の中では日本が僕の生まれた場所ですから、やっぱりそこが祖国じゃないかと。僕にとって精神的祖国は親父の祖国ですが…。

今、脱北者はすごい数になっていて、日本には二〇〇人ぐらい戻っています。韓国に三万人いるんですね。北朝鮮に渡ったのは九万八千いくらですけど、そこには日本人の方も大勢いるわけです。脱北して帰った人にも、名乗れない人がいることも事実だし、手厚い保護があるわけでもない。韓国ではすごく保護されているんです。『夜を賭けて』パート2は、どうしてもそういう映画になります。

大村収容所が何だったのか、文献も記録もない。実際、大村に行ったらもう跡形もないし、中国人を収容する何か大きなビルはできている。

罪もない人たちを収容したんです。一九四五年八月一五日の後に大韓民国ができて、そのときは墓参りに行って戻っただけで、もう不法入国者になりました。

不法入国者じゃなければ、日本の国籍持って出てきなさいというわけです。三六年間我慢して、やっと自分のアイデンティティを取り戻したのに、帰化条項には「模範的な日本国民として再生する」ってあるんですね。「再生する」って何？　こんな馬鹿げたことはないわけです。

それでとりあえず収容所に収容するわけです。「日本国籍とりたくない」って言うと…。取得すれば出てくるんですよ。「取りたくない」というと、大韓民国あるんだからそちらに行きなさいとなる。

でも、自由もない戒厳令の国に誰が行きますか。そこに生活の基盤があるわけでもない。そうこうするうちに、北朝鮮が「地上の楽園があるけどそっち行ってみないか」みたいなことを言ってくる。

大村収容所の中でも南北が分かれるんです。男女が別れちゃいますから家族も引き裂かれる。そのまま生活が三六年あって日本人としてやったけど、もう国ができたんだからどっち取りますかと。曖昧にすれば、収容所の中にいなきゃいけない。収容所の中にいたらば今度は南北でわかれてくる。自分の奥さんと会えないわけです。

そこから帰国船第一号が出るんですよ。ソ連の船で。まず大村から長崎、そして北朝鮮向かう。吉田首相はまだ左翼運動と朝鮮人が手を組んで国家を転覆すると考えて、朝鮮人を一掃したいわけです。反日感情を持っている。何しでかすかわからない。それで北朝鮮に送っちゃった方がいいと。でも北朝鮮の人間なんて、一割ぐらいしかいなかったんですよね。大体、在日の半分は済州島。四・三事件があったから。済州島の人間と慶尚道（キョンサンド）が大半です。全羅道（チョルラド）も少ないです。

（司会）申し訳ありません。もう時間ですので、趙博さんの『九月の空』をお願いします。

♪　趙博さん（パギやん）——

「九月の空」

侠竹桃の花散って
九月に咲く花曼珠沙華
赤い花だよ　曼珠沙華
大地を赤く染めるように
咲き誇る　曼珠沙華

曼珠沙華の花言葉
悲しき思い出
あきらめ

九月の空は涙色
悲しみ抱いて雲流れれば
私は流れた
血を思う

空に向かって仰ぐように
曼珠沙華
青と赤は
似合いすぎている

（金守珍）これはオリジナルですよね。なんでこの歌を作ったんですか。

（趙博さん）毎年、荒川河川敷で追悼会をやっているんですね。今年（二〇二三年）は百周年で五二回目だったんです。何回か僕、そこで慰霊の歌を歌いに行って、ある時、曼珠沙華がダーッ

と咲いていて、空が青くて、その青と赤が似合いすぎてるなって。その赤が血の色に見えちゃったんです。それで作りました。

（司会）ありがとうございました。

（日韓記者・市民セミナー　第五一回　二〇二三年九月一五日）

第II講　尹東柱の愛と死の物語
『星をかすめる風』を顕彰する

広戸　聡――俳優　青年劇場

青年劇場の広戸聡と申します。今年（二〇二三年）九月八日初日で『星をかすめる風』という作品の東京公演をやりまして、そのあと全国各地を回る予定でおります。今日は私ども青年劇場が、これまで韓国・朝鮮との関わりで上演してきた作品に触れながら『星をかすめる風』についての思いを語らせていただきたいと思います。

＊秋田雨雀・土方与志記念青年劇場

私どもの劇団の正式名は、たぶん日本で一番長いのではないかと思いますが、「秋田雨雀・土方与志記念青年劇場」です。この秋田雨雀（あきたうじゃく）先生、土方与志（ひじかたよし）先生は、新劇のパイオニアといって差し支えないと思います。

土方与志先生は、戦前、小山内薫さんと一緒に築地小劇場を作られました。その教え子が、お亡くなりになりました杉村春子さんや山本安英さん、滝沢修さんらで、現代演劇のキラ星のようなスターで、戦後も大変活躍された方々です。千田是也さんを含めて、そういう方々が戦前の第一期生だとすれば、青年劇場は、舞台芸術学院という池袋にあります演劇学校で学び、お二人の薫陶を受けた、戦後の第一期生たちが作った劇団です。

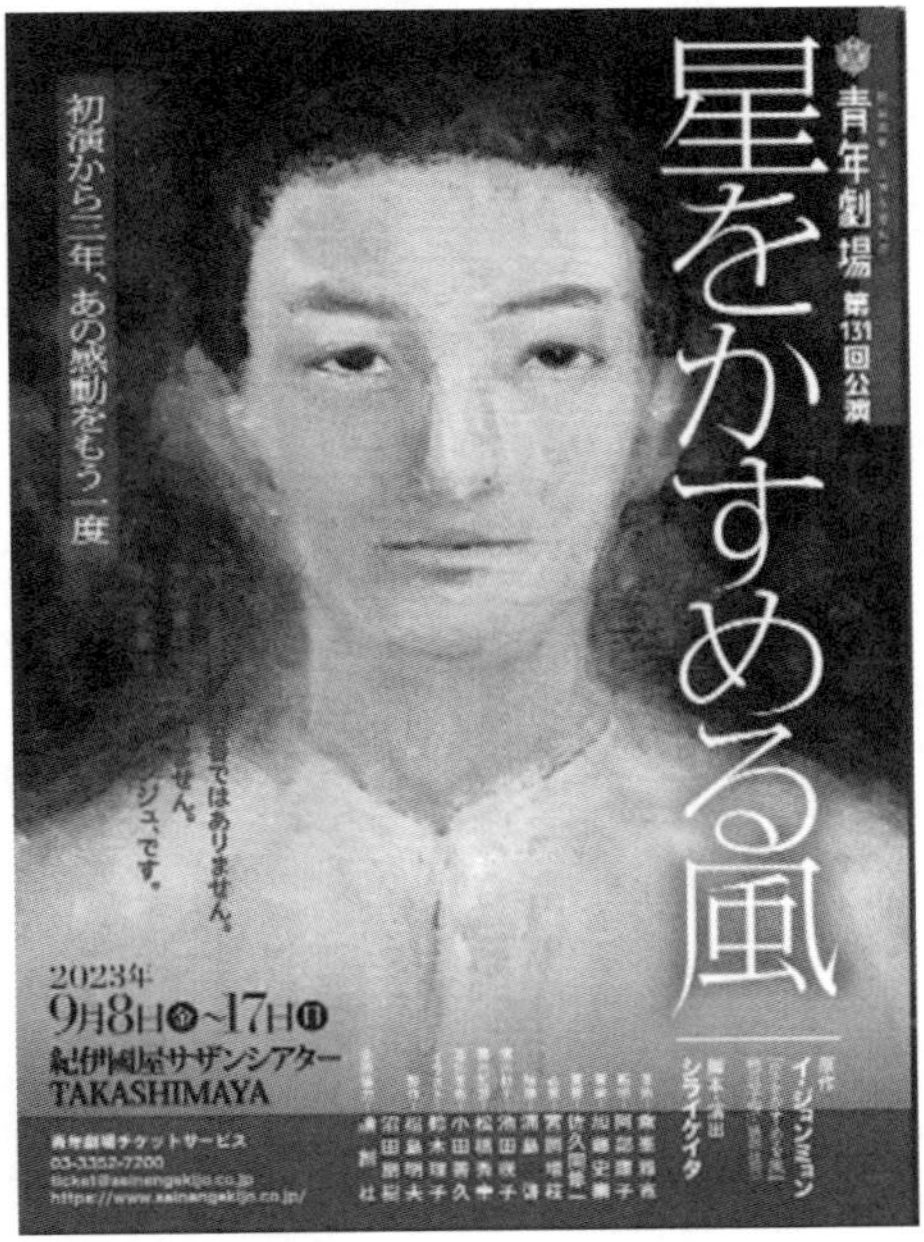

青年劇場の規約について私流にお話すれば、より良く生きたいと願う多くの人たちの思いと繋がり、演劇を通じてその運動なり活動なりに関わっていく、そうすることで日本の民主的な演劇が発展する、そういう目的を持って設立した劇団です。ですから、その時々に日本が抱える問題に向き合い、創作劇を中心に生み出してきました。

その中で韓国・朝鮮に関わってどんな作品をやってきたかということを、三つの季節に分けてご紹介したいと思います。

今度の東京公演が一三一回目の定例公演になりますが、かなりの数の韓国、朝鮮に関わる作品をやってきたと改めて思いました。青年劇場の「韓国シリーズ」と言ってもいいのかなと思います。ただ、日韓の演劇交流ということでは、どちらかというと遅い方だったと思います。様々な資料を見ますと、一九七二年に唐十郎さん主催の状況劇場が取り組んでいます。西江（ソガン）大学で上演されたそうです。当時、韓国は戒厳令下にありました。戒厳令下に、非合法な形で上演した戦後最初の日韓演劇交流だったと言われています。これに比べるとずいぶん遅く足を踏み出したことになります。

なぜそうだったのか。侵略戦争について日本は国としてちゃんとした態度を取れていないという問題がありました。それから、韓国が軍事政権下にあったことで、そこでの距離の取り方に慎重であったということは言えると思います。

そういう中でも、日本の喜劇の第一人者・飯沢匡（ただす）さんの二つの作品を、韓国に関わって上演しております。また、千田夏光（かこう）さんのルポルタージュ作品集を、青年劇場の初代代表の瓜生正美が脚色して、中野千春が演出した作品もやっています。その辺からご紹介したいと思います。

●『クイズ婆さんの敵』

これは『クイズ婆さんの敵』という作品のポスターです。「クイズ婆さん」というのは主役のお婆ちゃんのことをタイトルにしたもので、一九七三年にありました金大中（キム・デジュン）拉致事件を題材にとって、一九七九年に上演した作品です。

冒頭にホテルで金大中氏が拉致されるシーンが出てきます。この事件にたまたま新婚旅行で居合わせた漫画家夫婦と、一緒に同じアパートに暮らしているお婆ちゃんが主人公の作品です。

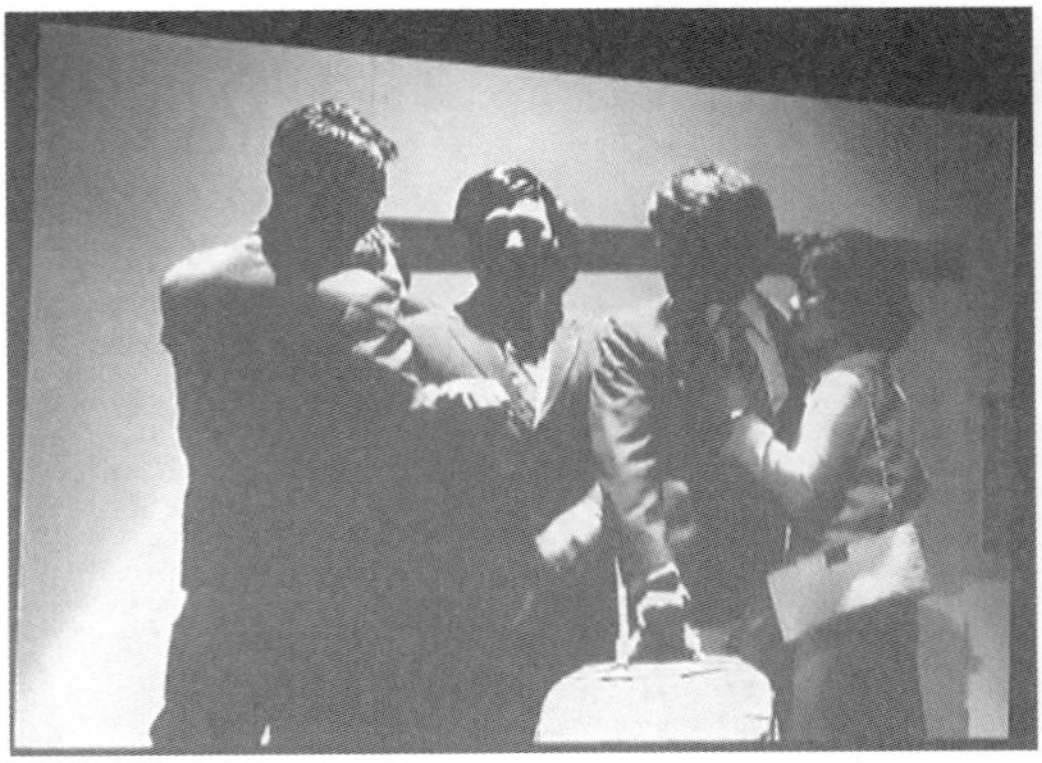

金大中事件は政治的に処理されていくわけですが、事件を目撃したことによって、だんだんだんだん漫画家夫婦のところにいろんな危険が押し寄せてくる。

漫画家夫婦は漫画を通じて世に伝えようとしますが、フィクサーである大物政治家と関わりのある人物が殺害されるという現場にも居合わせてしまいます。身の危険を感じる中で、主人公のお婆さんが一計を案じます。世界に発信しているテレビのクイズ番組に出て、勝ち上がって、最後の決勝戦に出場します。その決勝戦の場で、質問に対して、「木石甚助（キーシジンスケ）」という政治家の名前を言い続ける。この名前とポスターに描かれた赤く縁取られている顔を見て気がつく方もいらっしゃると思うのですけれども……、これは何事だということで知らしめるという喜劇です。クイズ番組の司会の声で黒柳徹子さんが客演してくださいました。

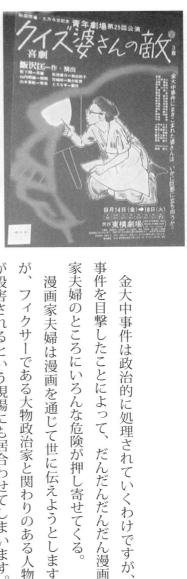

これが、青年劇場が初めて韓国と関わる、まさにそのときに起きている事件と日本の政治との関わりを描いた作品でした。

●『お茶と刀』

その次にやりましたのが、『お茶と刀』です。これは豊臣秀吉と千利休の関係を軸にした作品です。写真はそのワンシーンで、秀吉と利休なのですが、秀吉の衣裳をよく見ていただくと、ネクタイをしてスーツを着ています。つまり朝鮮に出兵して大陸に進出するという野望を持った豊臣秀吉と、千利休の対立関係といいますか、こじれていく関係を描きながら、上演当時の一九八〇年代に、どんどん世界に進出する日本企業の社内事情を、ダブルイメージで描いた作品です。

また、舞台写真は用意していませんが、千田夏光作品集をもとに『椰子の実の歌がきこえる』というのをやりました。これは第二次世界大戦の南方戦線で、飢餓地獄の中で、死んだ兵士の屍体を食べて生き残った兵士を題材に戦争の悲劇を描いた推理劇風の作品です。

死肉兵である男が朝鮮の従軍慰安婦と非常に親しくなります。その関係がこの推理劇の重要な鍵を握っています。そういう作品を劇団の瓜生が書いて上演しました。

これらが言ってみれば、第一の季節です。この季節は、青年劇場にとって、韓国は近いのだけど遠い国ということを示しています。韓国が軍事政権だったことから、近くて遠い国だったというふうにも言えると思います。

言葉を変えれば、交流する相手が見つけられない中での演劇的な発信です。そういうなかでも発信してきた。それが第一の季節だったのではないかなと思っています。

＊転機は韓国民主化運動

それが変わるのが、一九八七年から八八年にかけてです。韓国が大きく民主化していく、その時期と重なっています。

一九八八年六月に、国際交流基金の招聘《しょうへい》で、韓国の演劇の専門家たちが日本に招かれたときに、瓜生正美もその場に立ち会ったということがあります。

その一〇年後一九九七年に、日韓演劇人会議という形で、日韓双方の演劇人が集まって様々なことを話し合うという場に瓜生が参加しました。この二つのことで、交流する相手が見つかったと言いますか、青年劇場の日韓交流がスタートしたと言えると思います。

『季刊青年劇場』という劇団の機関紙に、瓜生がその思いを報告した文章がありますので、その一節を読みたいと思います。

「韓国は私にとって戦後ずっと『近くて遠い国』であった。いや私だけではない。日本の演劇人にとって、大方は『近くて遠い国』であった。又、韓国の側からも同様であった。その要因は、長い間の日本の植民地支配の歴史に加えて、かつての日本を思わせる、戦後の韓国における軍事独裁政権の存在である。

曲がりなりにも、韓国から正式の演劇代表団が来日したのは、軍事政権末期の今から一〇年ほど前のことである。日本演出者協会との会合が設定されていたが、韓国の軍事政権に嫌悪感を持つ私は、当時の事務局長のふじたあさや氏の顔を立てて嫌々出席したわけであった。

ところが、ところがである。団長の林英雄（イム・ヨンウン）先生などの韓国現代演劇の歴史と現状の挨拶を聞いて、まさに目から鱗の落ちる思いであった。韓国現代演劇の中心は、李承晩政権を倒したあの激しい学生運動のリーダーだった人たちであり、その後も軍事政権の厳しい規制のもとで、まさにかつての日本におけるプロレタリア演劇運動のようないわば命がけの運動がやられていたのであった。それからである。私が韓国の演劇人に尊敬と親愛感を抱くようになったのは。」

そして、この日韓演劇人会議の翌年、一九九八年にBeSeTo（ベセト）演劇祭という北京とソウルと東京の頭文字をとって名付けられ、韓国・日本・中国の順に持ち回りで開催される演劇祭が東京で開催されるので、青年劇場も参加したいと表明したことが書かれています。

●『鮮やかな朝』

これは森脇京子さんが書かれた作品を中野千春が演出して上演したものです。一九九六年ですから、ベセト演劇祭の二年前ですね。

従軍慰安婦の…、解放後に（国に）帰りたいけれども帰らなかった女性ノブコ、写真の左側ですね。それから帰国船に乗ったけど、その船が沈んで亡くなってしまったアイコ…アイコの霊ですね。二人は朋輩です。この二人の会話を軸にしながら、従軍慰安婦の問題を問いかけました。その問題と絡めて、戦後の五〇年間をずっと触れていくのですが、子どもを産む性が感じている思いだとか苦悩だとかを絡ませて描いた作品なんです。

ノブコの役は、演出の中野千春さんの奥さんです。

実はこれを上演した翌年に、演出家の中野千春はま

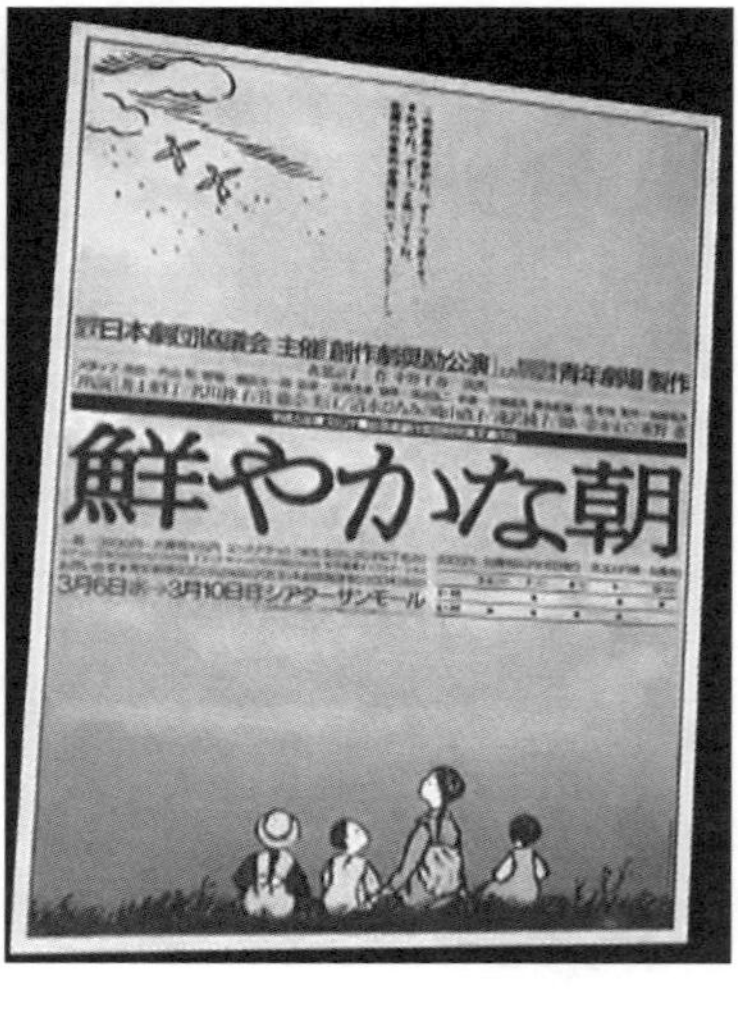

だ五〇代前半でしたが病気で亡くなりました。その演出を瓜生が引き継いで、一九九八年にベセト演劇祭で上演しました。

●『カムサハムニダ』

そして二〇〇一年に『カムサハムニダ』という作品を上演しました。これは先ほどの瓜生正美の文章の中にありましたけれども、韓国の演出家の第一人者の林英雄（イム・ヨンウン）先生に演出に来ていただいて、三人の俳優に客演してもらって、日韓合作の公演をしました。

先ほどの『鮮やかな朝』という作品は、日本で上演される前に韓国で日本語学科の学生たちが上演しているのですが、その演出をした馬政熙（マ・ジョンヒ）さんに韓国語指導と所作指導で入ってもらって日韓合作の公演をやりました。

これ（次頁）は『カムサハムニダ』の舞台写真です。在日二世の飯尾憲士さんの自伝的な小説をもとにして描いた作品です。写真の、座っている左から二人目、眼鏡をかけネクタイをした人物が飯尾憲士さんがモデルになっている主人公です。

年配になってから初めてソウルに行って自分の親戚たちに出会い、自分のアイデンティティを見つめていく、そういう飯尾憲士さんの自伝的小説をもとにした作品です。作品の半分は、韓国を舞台にしました。日本の俳優と韓国の俳優が混じっております。右端の赤いチマチョゴリを着

てらっしゃるのが盧永花（ノ・ヨンファ）さんという韓国の女優さん、一番端に立っている紺のスーツを着ているのは鄭仁謙（チョン・インキョム）さんという俳優さんですね。その手前、顔がちょこっとしか写っていませんが、座っているのが、金成輪（キム・ソンス）さん。三人の韓国の俳優さんに客演していただきました。

さらに二〇〇二年には『一七才のオルゴール』という青少年の観客を対象にした作品で、ソウルでの、海外公演を初めてやりました。

この時期が、交流の相手と出会い、交流の体験をスタートした第二の季節です。

●『銃口』

こうして青年劇場と韓国との演劇交流がスタートしました。この頃に二〇〇二年日韓ワールドカップ（サッカー）がありました。それから二〇〇三年～〇四年に

『冬のソナタ』がテレビ放送されて、韓流ブームが起こりました。そして二〇〇五年に「日韓友情年」ということで国同士で様々な交流をしようということがありまして、そこにこの『銃口』という作品を持って行きました。この作品は三浦綾子さん原作で、治安維持法の弾圧によって教職を追われた北森竜太という青年教師が主人公の物語です。

　彼は治安維持法で教職を追われ、もう教職に戻ることを諦めます。そこへちょうど召集令状が来て戦地へ行く。（戦地の）大陸で敗戦を迎えて命からがら帰ってくる。北森が子供の頃、父親が北海道で炭鉱のタコ部屋から逃げてきたキム・ジュンミョンという韓国人を匿って逃がしてやったことがありました。そのキム・ジュンミョンが朝鮮で抗日パルチザンになっていて、彼に助けられて、命からがら日本に帰ってきます。そして北森竜太がもう一度教師をやろうというふうに決

意するまでの話を描いているのですが、これを二〇〇五年に韓国の一四都市で四〇日に及ぶ公演をしました。

・・・動画再生（カーテンコールで出演者に握手を求めて集まって来る高校生たち）・・・

この映像は、梁山（ヤンサン）での公演の場面ですね。この時にはたくさんの高校生たちが見にきてくれました。

「とても面白かったです」「心があたたくて」「心の声が聞こえる」など

——動画の中のインタビューに答える女子高生の感想

この映像の生徒たちの姿を見ていますと、ちょっと思い出してウルッときちゃうのですが、非常に感動的な体験をさせていただきました。韓国公演は初日が唐津（タンジン）でした。佐賀県の唐津と書いてタンジン。そのあと公州、水原とやってソウル、さらに一〇都市を回るのですが、ソウル公演の直前に小泉首相の靖国参拝があって日韓関係に緊張が強まりました。ですから非常に緊張した中で公演をやったわけです。

竹島問題もありました。唐津の食堂でみんなで食事している時に、地元のお客さんに「お前たちは日本人か、この中に島根のやつはいないか」って言われたそうです。島根県出身の僕はそのときにはもう自分の部屋に帰っていたのでそれ以上のことは起きなかったのですが…。チャーター・バスで移動するのですが、そのバスの正面にも「独（ドク）島（ト）はウリタンだ。（竹島は俺たちの土地だ）」というステッカーが貼ってありました。本当に受け入れてもらえるだろうかと、いろんな意味で緊張しながらの公演でしたが、動画の高校生のことばにもあるように、心が伝わったと受けとめてもらえたと思っています。

国と国は政治の面で対立していることがいろいろあったとしても、人と人は繋がっている。それぞれの国の中で人は苦しんでいるが、その苦痛は共通しているということが、公演を見て共感していただいた一番の根っこではないかと思っています。

『銃口』の原作の三浦綾子さんが題名についてこういうことをおっしゃっています。「戦場で火を吹く銃口もあるけれど、それだけではない。銃口はいつまでも国民に向けられています」

双方の銃口がそうなのだろうということをわかっていただいた。三浦綾子さんの原作の力が、この扉を開いたのだなというふうに思いました。

私どもはとっても大きな体験をして日本に戻ってきました。劇団のみんなに伝え、劇団を支えてくださった方々にも伝えて、私達がそこで受けた様々なものを、演劇活動を通じて返していきたいと思いました。そして『族譜』という作品を公演しました。

●『族譜』

『族譜』というのは、梶山季之さんの原作です。一九七九年に先んじて韓国で林 權澤（イム・グォンテク）監督が映画化しています。この小説をジェームズ三木さんの脚色・演出で公演しました。

この東京公演のときには韓国民団のご協力のもと大きな形で東京公演を成功させることができましたし、その後国内を巡演いたしました。

題名の「族譜」というのは、韓国の人たちが大事にしている系図のようなものです。創氏改名をすすめる主人公と薛（ソル）家の当主を軸にした話です。創氏改名のことを…、日本が何をやってきたのかということを問いかけた、そういう作品です。

『銃口』から『族譜』に至る季節が、交流が大きく発展した第三の季節だったのではないかと思います。

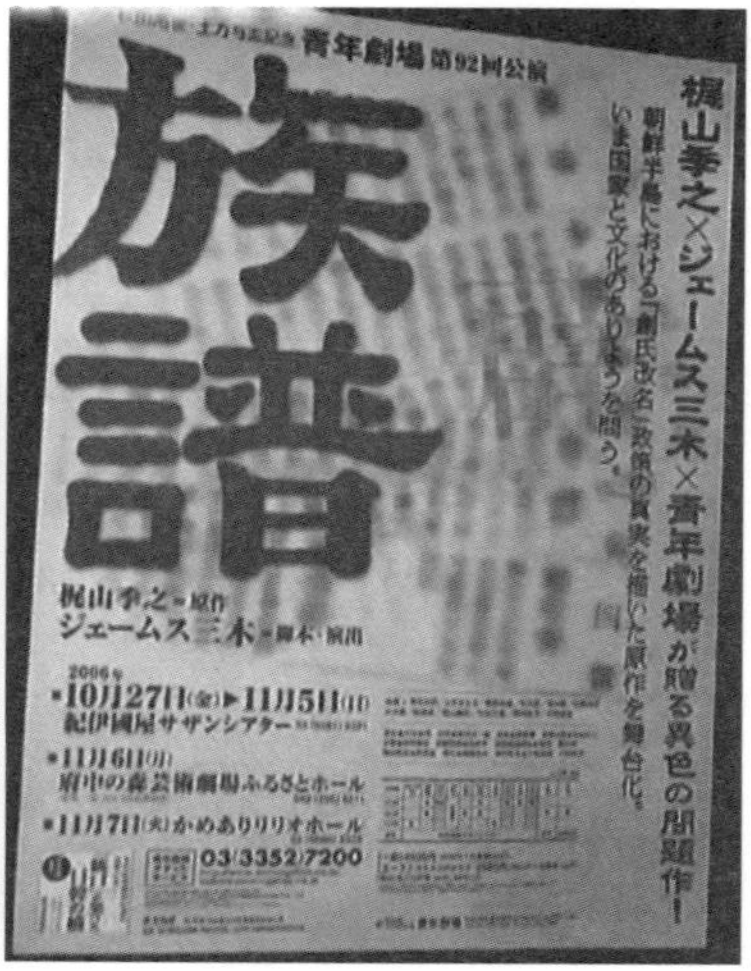

その後は折にふれ様々な公演をしてきています。『呉将軍の足の爪』という日韓演劇交流センターのドラマリーディングで紹介された作品を上演したりしました。

●『骸骨の舞跳』

どうしても触れておきたいのは、『骸骨の舞跳《ぶちょう》』という秋田雨雀先生の作品です。『骸骨の舞跳』というのは、関東大震災のときの朝鮮人虐殺を、秋田先生が青森の実家から東京に出てくるときに見聞したことも交えながら書き上げて、翌年早々に出版されたんですけれども、発表と同時に発禁処分になってしまって、戦前はおそらく上演されていないだろうと思います。

東北の避難所に、自警団や在郷軍人たちが、朝鮮人狩りにやってくるという場面です。ごく普通の国民が、自分の主体性を失い、あっという間に暴徒になってし

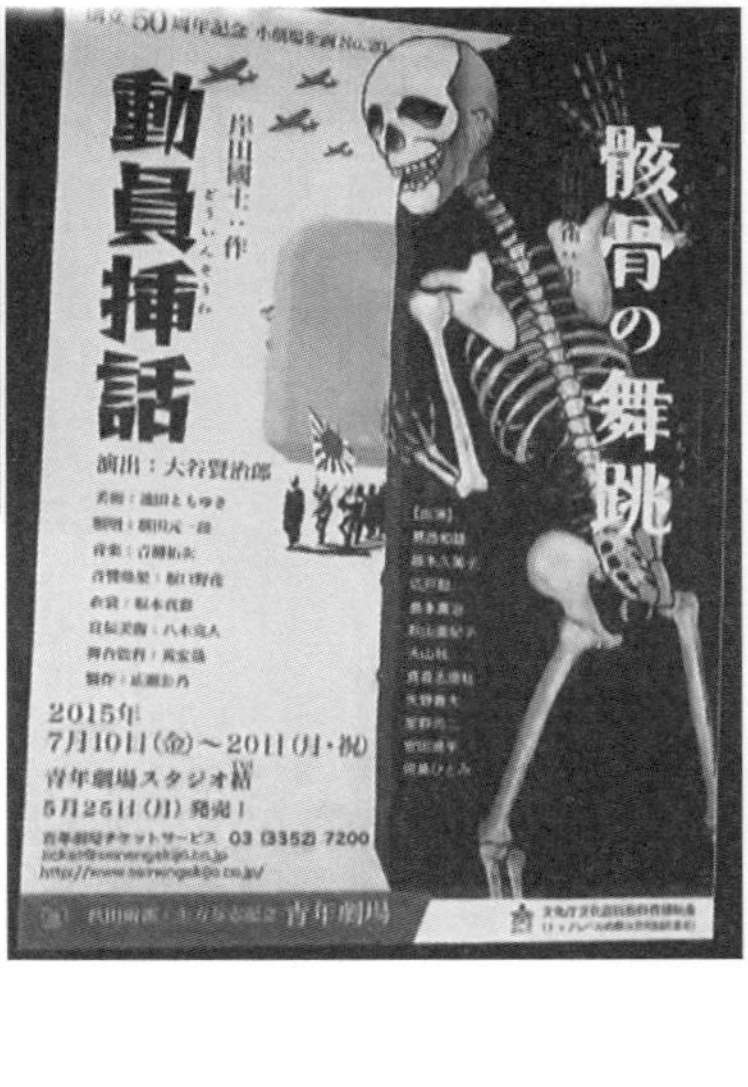

まう。それを、人間が人間の皮を脱いでしまって骸骨になってしまったという、そういうイメージで非常に表現主義的に描いた作品です。これは本当に、関東大震災百年の今年やってもおかしくない作品なんですけれど、そういう作品も上演してきました。

＊植民地下の創氏改名と尹東柱の渡日

日韓の交流は青年劇場だけでなくて様々な劇団がやっています。また、演劇関係七団体が参加して日韓演劇交流センターを作り、二〇年以上、交流しています。昨年からその会長をやっているのが『星をかすめる風』の脚色・演出をしてくださるシライケイタさんです。

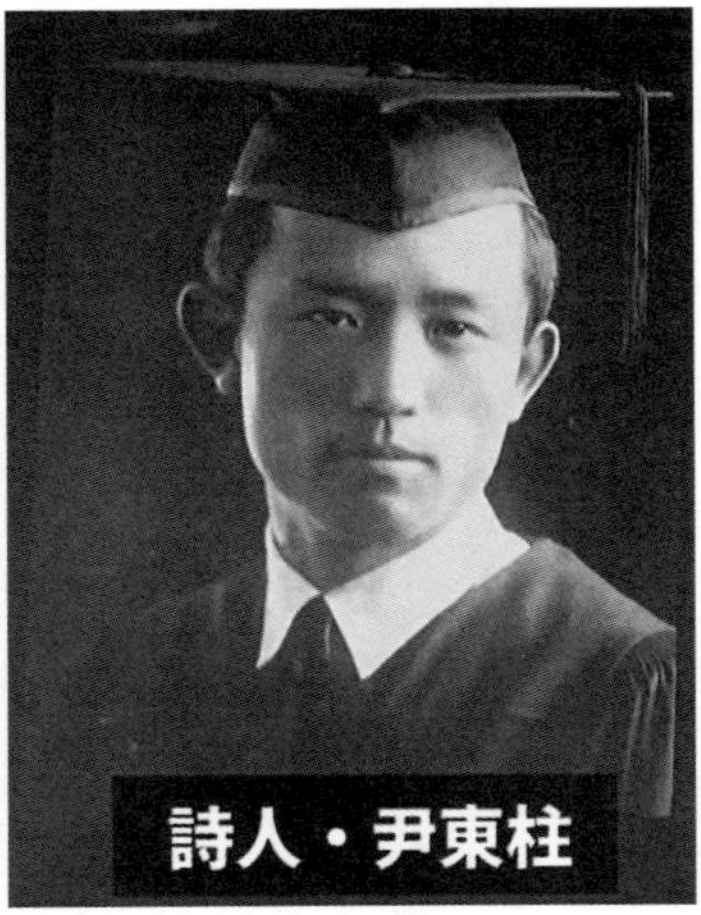
詩人・尹東柱

尹東柱（ユン・ドンジュ）のことは、ご存知の方、あるいはファンですという方がたくさんいらっしゃると思います。彼が生まれたのは一九一七年ですから、韓国が日本に併合された後です。つまり韓国という国が奪われた中で、彼はこの世に生を受けました。そして、一九四二年に尹東柱ではなくて「平沼東柱」と創氏改名して日本に渡ってきて、東京の立教大学文学部の専

科に入学しました。そこで三ヶ月学びました。これ（集合写真）はそのあと、八月ですから夏休みで帰省したときの写真ですね。

　最初の写真は長髪に学帽でしたけれども、これは丸刈りになっています。後に、楊原さんという方が調べられてわかったことですけれども、入学した直後ぐらいに学校で断髪令が出されて、それで髪を切ったのではないかということです。

　真ん中に写っているのは、非常に仲の良かった従兄弟の宋夢奎（ソン・モンギュ）、同じく福岡刑務所で亡くなった人です。京都大学にいたので、立教ほどでもなかったので、宋夢奎はそのときに長髪です。

　彼がなぜ創氏改名したかというと、創氏改名しなければ日本に渡ってくることができなかったのです。彼は詩作をし、詩を学び、文学をさらに学びたい、そのために日本の大学に留学したいと思ったけれど、それをやるためには、名前を変えるしかなかった。

　そして文学部の専科に入学しますが、専科は卒業証書がもらえないのです。彼はソウルで今の

延世大学の前身の延禧（ヨニ）専門学校を卒業して留学しましたが、この専門学校は当時の日本の学制でいう高等学校や大学予科と同格ではないということになったものだから、正式な入学はできないんですね。もう一回高等学校か大学予科を学ばないと、正式には入学できない。それで彼は専科ということで立教に入るんです。でも、先ほどの丸刈りの話もありますけれど、立教に通いづらい思いをしたのでないかと思いますが、立教をやめて京都の同志社大学の文学部の専科に移りました。写真はそのとき宇治の河原でハイキングをしたときの、これが残されている最後の写真だとお聞きしています。

＊治安維持法違反で逮捕、獄死と残された詩篇

同志社大に学んでいた一九四三年の七月一四日に治安維持法違反で逮捕されます。その四日前に、従兄弟の宋夢奎も逮捕されています。独立運動をしたという廉《かど》で、治安維持法違反で懲役二年の刑を受けて、福岡刑務所に送られるわけです。そして、一九四五年の二月十六日、日本の敗戦、つまり韓国の解放の日の半年前に、尹東柱はこの福岡の刑務所で獄死をしております。どういう理由で亡くなったのかということについても様々なことが言われておりまして、韓国で二〇一七年に作られて日本でも紹介された『東柱』（ドンジュ）という映画では、人体実験の注射を何度も打たれて亡くなったという形で描かれていますけれど、真相はわかっていません。いろんな方が調べましたが真相は闇です。

ハングルで書かれた彼の詩は、いくつか友人たちによってそっと隠されていました。当時ハングルは禁じられていました。日本語が国語だということでハングルで書かれた詩を持っていることは、友人たちにとっても非常に危険なことでした。隠されていたものが戦後発掘されまして、紹介されて韓国の人たちの心を打った。のちに日本でも紹介されて、たくさんのファンがいるわけです。

私達が忘れてならないのは、彼は生前、無名の一詩人であったということです。詩と文学を学ぶ一人の学生だった。その彼から日本は何を奪ったのか。まず名前を奪い、言葉を奪い、ついには命を奪った。彼が生きていたらどんなに大きな可能性があったことか。その未来を奪った。このことは決して忘れてはならないと思います。

＊宿題となった尹東柱の劇化の仕事

ちょっと個人的なお話になりますけれども、私が初めて海外旅行したのは一九九六年、旅行好きの義理の兄がどっかに行こうよって誘ってくれまして、韓国に行きました。

ソウルに「大学路」と書いてテハンノという街があり、ここには何十という小劇場がある。下北沢をギュッと密にしたような街ですが、そこで何本かの韓国演劇を見ました。

韓国語の素敵な響きに感動しちゃって、帰ってから韓国語を学びたいなと思って始めたときに、先生から「尹東柱っていう人、知ってる？　この人のことを覚えておいた方がいいよ」と言われました。そして彼の代表的な詩「序詩」や「たやすく書かれた詩」など、私はその詩の鮮烈さに心が突かれる思いがしました。この尹東柱のことをいつか演劇にして紹介できたらいいなとずっと思っておりました。

実は私よりも早くこの尹東柱のことを知っていた者が劇団におりました。それが先ほど紹介しました中野千春さんという演出家でした。

尹東柱のことはテレビで放送されているのです。一九九五年にNHKスペシャルで放送されています。彼はこれを見ていたのです。それから宋友恵（ソン・ウヘ）さんの書かれた尹東柱を紹介する評伝の抄編が日本でも出版されていて、それを買って読んでいて、この尹東柱のことを芝居にできないかと思っていた。

でも中野さんは一九九七年に亡くなりました。中野さんと親交のあった作家の朴慶南（パク・キョンナム）さんが、中野さんの奥さんの井上さんに、尹東柱詩碑建立委員会が発行した記念の本を、追悼の思いを込めてプレゼントしました。その二つの本を、のちに井上さんが私のところに持ってこられまして、「広戸くん、これ、あなたにあげる。読んでくれる」「中野はこれを芝居にしたいと思っていたんだよ」と言われて、ずっと預かっておりました。

ですから青年劇場は日韓に関わる作品づくりをやってきましたが、私の中ではこの尹東柱を劇化したいと思ってきました。企画を提案して、誰か作家に書いてもらい演出してもらって、中野さんの思いも引き継いで。私の中ではずっと宿題になっていたような気がします。

そうこうするうちに、二〇二〇年の秋に、先ほどご紹介したシライケイタさんと共同で公演することが決まりまして、題材探しをしました。そのときにこの尹東柱のことをなんとかしたいと思いながらも、なかなか企画提案できませんでした。その理由は、やはりわからないことが多すぎるのです。尹東柱は日本に三年ちょっと居ましたが、肝心のそこが一番わからない。彼は日本で、おそらくたくさんの詩を書いたでしょうが、今残っているのはわずか五編だけ。立教時代に書かれた五編を、朝鮮半島にいた友人にハングルの手紙と一緒に送ったものを、その友人のお母さんがそっと隠していました。その五編しかないのです。

多くは逮捕されたときに押収されて、どこに行ったかわからない。つまり、彼のことをドラマにするには材料がなさすぎるのです。とても清貧な人柄のイメージを多くの方は持っていらっしゃると思うのだけれども、綺麗すぎて、ドラマとしてうねりを持ったものというふうには、なかなか提案できなかったわけです。

＊原作　イ・ジョンミンの『星をかすめる風』

そういうときに、この『星をかすめる風』の原作と出会うことができました。東京新聞に載っていた劇評をたまたま見たのですね。「獄中の詩人と検閲官の対話、なんだ？」と思ったら、そ

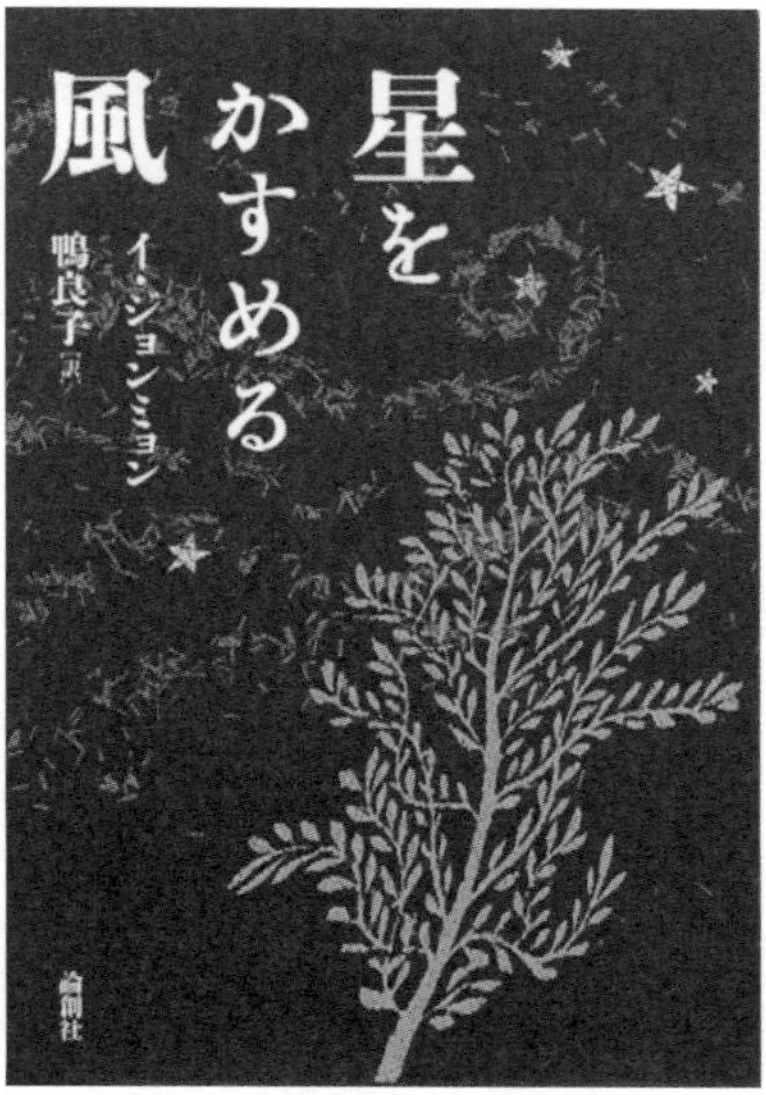

こにこう書いてあったのです。

「ある場合にはフィクションが事実よりもっと多くの真実を語ることができます」

この言葉を引用しながら紹介していて、大急ぎでこれを読みました。これは大胆に、一番わからない獄中の尹東柱の、死ぬまでの日々を創作して書かれた小説だったのです。

原作のイ・ジョンミョンさんの発言をこういうふうに翻訳者が紹介しています。

「氏の作家としての姿勢を物語る言葉に、バンカレッラ賞を受けたときのインタビューがある。いわゆる歴史小説を書く作家に人々が向ける、それは『事実』なのか『真実』なのかという問い。つまり『歴史』ではなく歴史の歪曲ではないかという問いに答えて、『私は史実や事実よりも美しい虚構を書いていきたい。それを読んだ人が、これが本当に真実ならば…と思うような、そういう虚構を書いていきたい』と語っている。講演でも『文学作品を読むことは、自分の知る世界と違う世界を知ること、言語や国や生活が違う中で、違うという事実を通し、しかし私達は結局、真実と善良さや美しさを共有する同じ人間同士だと確かめ合うことができる。それが文学の持つ力だと思う。」

これならドラマを創りうるのではないかと思いました。シライケイタさんにこの話をしましたら、「尹東柱のことは書きたいというふうに思っていた」ということで、早速読んでもらって、劇化が進むことになりました。

三年前初演したときの、当時の（劇団）代表で製作の福島明夫と、それからシライケイタさんのインタビューと、この作品を紹介した短い動画がありますのでそれをご覧いただきます。

・・・・・・・動画再生・・・・・・・

❖福島明夫

青年劇場の代表をしております福島でございます。青年劇場ができたのは一九六四年なんですが、その創立メンバーの多くが、戦争体験を踏まえていたこともあって、第二次世界大戦およびその前の中国への戦争、「一五年戦争」と僕たちは言っていますが、そのことの真実を描きたいということを劇団の中でも芯の活動としてやってきたところでございます。

その中で言いますと、韓国という国は一九一〇年から四五年まで日本に併合されていたこともあって、非常に大変な思いをされた国だったわけですね。戦争中にはたくさんの労働者や女性たちが日本本土に動員されたりとか、そういう歴史的事実があって、戦後になっても韓国の軍事政権ということがあったものですから、なかなか国に帰れない方々がたくさんいらっしゃったという事実があります。私達はこの戦争の体験を何とかして風化させずに、後世に伝えていきたいという思いを持って、韓国での公演活動や韓国を素材にした舞台作品を上演してきたということでございます。

今回はとりわけて日本で亡くなった尹東柱という韓国の詩人を、韓国の小説家が書かれた小説をもとにして、日本人のシライケイタさんに脚色・演出をしていただいたという組み合わせで贈らせていただいた舞台です。

今、人種の問題、人種差別のことが非常に大きな話題になっていますが、このアジアで起きた民族間の問題について、ぜひ全世界の方々にも知っていただきたいという願いを込めて、ぜひご覧いただければというふうに願っております。どうかよろしくお願いいたします。

❖シライケイタ

『星をかすめる風』の脚本と演出を担当していますシライケイタです。第二次世界大戦末期に極東のアジアで起きた出来事を、史実をもとにしたフィクションですけれども、世界の皆さんがもしかしたら知らないアジアの歴史かもしれないですね。今にも通じる問題であり、例えば差別の問題であるとか、支配と被支配、支配する側とされる側という立場の問題だとか、そういう問題意識がたくさん詰まった作品になっています。

それとこのコロナ下で、みんながたぶん再認識したであろう芸術とか文化の力っていうものと、その大切さというものを、僕自身公演が中止になった経験が四月にありまして、その体験を乗り越えて、こうやって表現できることの喜びを尹東柱の詩と美しい音楽に乗せて、世界中に届けられればいいなというふうに思っています。どうかひとつよろしくお願いいたします。

＊亡くなった福岡、逮捕された京都を含め全国で公演

九月にやる公演は、再演というよりは、リスタート、仕切り直しの公演だというふうに思っています。そういう公演ができるのは、私ども青年劇場の背中を押してくださった人たちがいるからです。

全国各地に演劇鑑賞会という鑑賞団体があるのですが、その方たちがこの作品を自分の地域でも、一緒に見たいということで声を上げてくださいました。一〇月から、まずは九州、これは尹東柱が亡くなった福岡を含めて公演します。

そして年末には近畿、彼が逮捕された京都を含めて公演します。来年も全国各地を公演する。そういう全国の鑑賞団体の人たちが、背中を押してくださってこの東京公演もできるということを喜んでいます。

それとですね。今年、関東大震災百年というそういう年。未だに朝鮮人虐殺を、日本という国はちゃんと認めてない。認めようとしない。百年も経ってそれでいいのかという思いを持ってらっしゃる方は、たくさんいらっしゃると思うのです。しかもこの間、入管法の問題がずいぶん議論され、もっと改善していかなきゃいかんじゃないかというときに、逆にそれが改悪される方向に

なってしまいました。

この入管法の問題にしても、国籍が違ったり、様々なことが違うことで向ける人権侵害の刃というのは、実は三浦綾子さんの『銃口』で語った言葉と同じように、「それは、いつでも国民に向けられる」と思うのです。だから、自分のこととして考えなきゃいけないと思います。

今、この作品を公演できることを大変嬉しく思っています。まずは九月の東京公演でいっぱいのお客様で成功させて、各地に回っていきたいというふうに思っています。

ぜひぜひ皆様方にも、この会場にお運びいただきたいし、それから周りの方にですね、お広げいただいて、お力添えをいただけますことを切に切にお願いいたしまして、私のお話を終わらせていただきます。


（日韓記者・市民セミナー　第四九回　二〇二三年七月二九日）

第Ⅲ講　「多文化共生をめざす川崎歴史ミュージアム」設立へ

宋　富子
——高麗博物館名誉館長

アンニョンハセヨ。歴史ミュージアムのことは、どうしてこの場で話せるようになったかということを含めて、私の自己史を話さないとわかりませんので自己紹介から話します。

私の両親は一九二六年ですから、今から九八年前に父二八歳、母一九歳、祖母五〇歳、長女生後四カ月、父の弟二人家族、母方の養子九歳の家族七人で慶尚南道から渡ってきました。アボジの方は、一五歳のときに両親をコレラで亡くして三人男の兄弟でしたけれども、とにかく天性の明るさの持ち主で努力家。ハングルも漢字の千字文も独学で覚えて日本語も上手に話したそうです。優しいけれど厳しい男性で飯場の人夫たちはみんなお酒を飲んで喧嘩していても父の咳払いが聞こえると喧嘩をすぐ止めたそうです。人夫たちが給料日にお酒を飲んで日本の草津節を歌うと父は「チョソンノレハラ（朝鮮の歌を歌え）」と必ず怒鳴ったそうです。父は死ぬまで一度も日本の歌を歌わなかったと母が言っていました。積極的でキップが良くて、姉の話だと困った人がいたら家のものをみんなあげて、オモニにいつも怒られていたらしいです。

私が二歳のときにこのアボジが亡くなりまして、長女が結婚して次女が一三歳、妹が生まれて六ヶ月ですから、男一人女六人兄弟姉妹でした。姉だけが結婚していて、一三歳の次女を頭に六人の子供を、母は重いリヤカーを引きながらボロ買いをして育ててくれました。家がどんなに貧乏でもご飯がおかゆでもお腹一杯食べましたし、貧乏が恥ずかしいとか思ったことはありませんでした。

奈良県の被差別部落で、私は一九四一年一月一日朝六時に、どの子供よりも軽く、ポンと鞠が飛び出すように、オモニが二回唸ったら私が飛び出したそうです。

私がオモニの中に七ヶ月に入っているときに、兄が従兄弟とふざけてオモニのお腹を蹴ったので、もうどこの医者に行っても親も子も危ないって言われたんですけど、三ヶ月オモニは寝たまんま、一月一日に私を出産して、軽く生まれたのでアボジはもうすごく喜んで、自分の父の「守萬」の萬を私に付けて「萬子(マンジャ)」ってしまいました。でも、生活が苦しかったので富めるように「富子」って付けることになりました。昔はどこの家も貧しかったので富子という名前がたくさんあります。私の友人にも富子がいますけれども、私は三一歳まで富子を「プジャ」って呼ぶのは知らなかった。生まれたときから広田富子、結婚して岩井富子、ただ登録切り替えのとき写してるだけで、読み方は全く知りませんでした。

*小中学校で受けたいじめ

私の村は畝傍山、香久山、耳成山、大和三山の真ん中にあって、周りは田んぼと畑、家から二〇メートル先は明日川で私たちのプール代わりでした。学校に行く前は自由に毎日が冒険で楽しかったです。小学校に入るなり、「朝鮮人」「朝鮮人」って言われました。私が教室に入ると、「臭いの来たぞ！　窓開けよう」と男の子がどなる。女の子が寒い冬なのにガラガラ窓を開けました。キムチは美味しいのに、なんでみんな臭い臭いっていうのかなって、不思議でわかりませんでした。だんだん体で、朝鮮人を馬鹿にすることがどんなに私を苦しめるかということを、悟っていくんです。

私はどういうわけか作文が好きで、書くと選ばれました。それをクラスで読み上げていると、隣の男の子が「おいおい広田富子は、あっちのやつやで。チョンコやで。広田富子はチョンコってお前知ってたか？」って聞こえるんです。私はもう心臓がパクパクして固くなって、声が震えるんですけど、何とか作文を読み上げました。

目立つと「チョンチョン」って陰で言われるし、描いた絵が貼り出されると、真っ赤なクレパスで名前の上に「チョーセンジン」ってカタカナで書いてありました。私はもうショックで泣いて女の先生に訴えたけれど、無視されました。何にも問題にしなかったです。

アボジは歌が好きで明るかったんですが、私はアボジに似てるんです。人が大好きで、とにかくなんでもいい方に考えて明るく生きる、小さい時からそんなタイプでした。クラスに悪ガキがいるんですね。家の事情で学校をよく休む女の子、小学校三年で、中学生ぐらいの体をしてる女の子で、朝鮮人の私を目の敵にして追いかけてきました。

私は痩せてて、クラスで一番背が低かったんです。毎日外で遊んでるから顔は真っ黒だし、それでいじめの対象になってしまったみたいです。その子は体が大きいから私の襟首をつかんで便所に連れ込んで「チョーセン人死ね！死ね！」って叩くんです。なんで私叩かれるんやろうって。反抗できないまま朝鮮人やからそうされるんやと思っていました。学校に行くのが怖いのでサボって山に行き、薪拾いして帰りますが、夜、母は私をぶって「学校は行け。休んだらあかん」と怒るんです。

三年生ぐらいから死ぬことばっかり考えました。部落の人が結婚を反対されて電車に飛び込んだり、池に入水自殺したのを見て、私も飛び込もうと思って池に入ったりしました。電車に飛び込む勇気はないけど線路の上に寝てみると、電車が近づくにつれて、小さい私の体は枕木から浮いてしまうんですね。

自殺する人は、もう心が病んで病気やなと思います。私はそういう思いはあるけど怖くてできませんでした。未遂ばっかりして、おかあちゃんに自転車で川にハマったと言い訳しました。まさか池に入って死のう思ったなんて言えません。そんな感じの小学校、中学校でした。

中学で一番叩きのめされたのは、豊臣秀吉の朝鮮征伐の話です。クラスのみんなが私の方を見てクスクス笑います。私はもう、本から顔を上げられません。

本で初めて朝鮮の地図を見ました。中国大陸にくっついている小ちゃいのが私らの祖国の朝鮮半島。お母ちゃんお父ちゃんが住んでた朝鮮半島。こんなに小ちゃい国やさかい馬鹿にされるんやと思いました。「朝鮮」という二つの文字が怖くて怖くて、授業に出られませんでした。

中学二年生から卒業するまで社会科の授業で「朝鮮」が出るのが怖くて「お腹が痛い、頭が痛い」と仮病を使って医務室で寝ているか、早退しました。社会科の授業は一回も出席しませんでした。それでも通信簿にはいつも「明るい素直な子」と書いてありました。

＊就職と結婚

中学校を卒業して就職しました。職場も二三回変わりました。現住所を書いたら、どこに行ってもバレるんです。バレたらものすごいいじめされる。遠く行ったらバレないだろうと思って、二時間かけて大阪のテレビの部品工場へ行ったけど、自然にまたバレて二週間分の給料もらわんと辞めました。

臨時工は戸籍抄本いらへんことを聞いたんで、臨時工ばっかり新聞で探しました。ある日、友達から「今度臨時工にも戸籍調べあるんやけど、あんたどうする？　広田さん」と言われました。

私が初めて朝鮮人だと打ち明けた友達から、そういうふうに言われて、後でそれが嘘だとわかったんですけど、そのときは「いいや、おおきに。スーちゃん、よう言うてくれた。うちすぐやめるわ」って、二週間分の給料もらわんとそのまま辞めました。

もう生きていくのが嫌やと思って、死体が上がらないという和歌山県の白浜の海岸に行きました。でも大きな波を見てたら、やっぱり私が死んだらお母ちゃん悲しむやろな思って。毎日ボロ買いして、朝起きて、ご飯炊くのに釜戸の前で腰痛い、「アイゴー、ホリヤー、アイゴー、ホリヤ」言う、お母さんの声聞いてましたから。

お母ちゃんが悲しむやろうなと思ったらできなくて、一泊泊まって家に帰りました。そのときお母ちゃんは怒らんと黙ってうつむいていたけれど、姉たちが皆怒ってました。なんでお前は家出したんや言うてね。家出するつもりはない、死にに行ったけど、死にきれず、お母ちゃんのこと考えてまた帰ってきたんですけれどもね…。

ほんまに中学校卒業しても心が縮んでいて、掛け算割り算できず、新聞を読む学力もなかったんです。村ではみんなで明るく楽しく暗くなるまで遊ぶのに、学校行ったら小さくなって、朝鮮人っていじめられて白い目を向けられましたから、自分の命を呪いました。

二〇歳で同胞と結婚して、二六歳で上三人女の子、一番下に男の子が生まれました。夫は自動車修理工場をやっていて、本当に真面目な同胞でした。舅はやっぱりきつかったです。自分に厳しいいし、人にも厳しい。生活費はいつも足らんのです。だから「お父さん、四人の子供の教育費が足りません」と言ったら、怖い顔して「貧乏な家から嫁に来て、うちのお金いっぺんに使うな」「家計簿持って来い」言うて、もう殴りかかるように言うので、私は夜夫の前で泣きました。

「あんたのお父さんは、両班（ヤンバン）や言うてるけど、何が両班や。今まで無駄に使ったお金なんかない。自分のもん何買ったんや。貧乏な家から嫁に来てって、一つの家族になったらみんな愛し合わなあかんのに。あんたの家も貧乏やったんや、私は何にも文句言わへんかったけど、『貧乏な家から嫁に来て』ってほんまに私腹立つわ。いまに歳とったら仇取ってやる」と夫に言いました。

関西弁で一番腹が立ったときは、「耳から手入れて奥歯ガタガタにしたるわ」って言うんです。「あんたのお父さん歳取ったら私が面倒見るさかい、耳から手入れて奥歯ガタガタにしたる」って言ったら、夫は「それだけはやめてくれ」って言ってました（笑）。

＊桜本保育園の民族名と先生たちとの出会い

夫の修理工場は忙しくなって住み込み従業員五人、私の家族六人の十一人の三度の食事に、午前十時と午後三時のお茶を出します。お風呂は薪で焚きます。父の家の事務所の掃除、風呂焚き、私はいつも子どもを背負って仕事です。私の身体はだんだん疲れてきて一年に何度も膀胱炎にかかりました。末子の長男に絵本を読んであげる気力もありません。心配でした。

一番下の男の子を桜本保育園に入れた時、父母会で川崎教会の牧師で園長の先生から「この園はキリスト教式で保育します」と言われました。そして「聖書に、自分を愛するように隣人を愛しなさいと書いてあります。自分を愛する意味で、韓国・朝鮮人の人には本名の民族名を親子で使ってもらいます。韓国の民話や歌や踊りも教えます。子供たちは喜んで仲良くやります」と言われました。

私びっくりしました。朝鮮の名前を使うなんてとんでもない。朝鮮の名前の読み方も知りませんがな。でも「自分を愛する意味で、本名を使いなさい」って言うんです。

よくよく考えると、日本人が日本の名前を使うように、朝鮮人は朝鮮の名前を使うのは普通で当たり前のことです。この李仁夏（イ・インハ）先生の言葉は正しいと思いました。李先生から「聖書の勉強会は無料です」と誘われました。

翌日から李先生に習おうと思って、聖書の勉強会に行きました。そこで運命的な出会いです。小杉尅次（かつじ）という副牧師と、今村秀子（ひでこ）さんという、東京のクリスチャンのおばあちゃんが、それはそれは私をかわいがってくださいました。

日帝植民地時代に、今村秀子さんのお父さんは官吏で慶尚北道の知事をされていたので、日本人が朝鮮で何をしたか知っていました。その贖罪意識で一生を終わらせた立派な日本人なんです。そのお父さんの両親は、小さい時から、とにかく人には優しくしなさい、困った人は助けなさいって、教えられていたそうです。

日本の植民地支配がどんなにひどかったか、身体でわかっていたと思うんです。当時の朝鮮は飢饉で食べるものがなくて、飢餓で亡くなる人が出たときには、自分の給料と貯金を全部出して地域の人に充てたから、そこでは飢餓で死ぬ人は一人も出なかった。朝鮮で「創氏改名」で日本名を強制された時、今村知事の地域の人たちはみな今村姓にしたそうです。

秀子さんの父は日本に帰ってきて弁護士をされたんですね。闘っている朝鮮人の弁護を引き受けて、それで仲間もできて、高輪プリンスホテルの下に五〇坪の家を買うて八五歳まで住まわれました。

今村秀子さんは八五歳の時に、お母さんが亡くなられたことを機会に、家を売って熱海のケアホームに入居されました。一人息子の清さんも一緒です。

私を娘のようにかわいがってくれましたので、一〇一歳で亡くなられたときに、息子さんが「お母さんは最後まで韓国・朝鮮人の人権運動を続けたから、天国に行くときにはチマチョゴリを着せたい」と電話で言われたので、「ちょうどピンクの冬物の綺麗なチマチョゴリありますからそれ贈ります」って言いました。チマチョゴリを着て、今村秀子さんは天国行かれました。本当にすごい人でした。

小杉先生と今村秀子さん、二人の日本人から六カ月愛を受けて、私は心底こんな優しい人間になりたい、もっと大勢の人の中で勉強したいと考え、川崎教会の礼拝に出席しました。李仁夏牧師は説教の中に世の中の出来事の歴史を入れて人間の尊厳と誇りを教えて下さいました。

一九一九年の三月一日は「三・一独立記念日」「八月十五日は光復節」、それはどんな日か。韓国人の抵抗の歴史を学びました。私は一言も聞き漏らすまいと必死で大学ノートに書き込んで覚えました。正しく知ることは力になりました。「知った者の責任は知らせること」。私は大切にしていた宝石と高価な日本の着物を処分して残りの月賦を払い、歴史の本を買い、毎日毎日泣きながら猛勉強しました。

＊歴史を知って取り戻した明るさ

私が本来の明るさを取り戻して心が解放された契機は、三一歳で李先生に会って、キリスト教の信仰を持つのと同時に、小杉先生と今村秀子さんから植民地のことを習って、李先生から二〇〇〇年の歴史を習ってからです。「朝鮮人駄目や、駄目や」言われて、豊臣秀吉の朝鮮征伐で、私はもう「朝鮮」という二つの文字が怖くて震えていました。ところが本当の歴史習うて目覚めました。朝鮮ってなんて素敵な国やろ。民族と人間に目覚めました。

中国大陸にくっついているち小さい朝鮮は、なんで二〇〇〇年も中国に飲み込まれないで残っているのか。姜徳相（カン・ドクサン）先生に聞いたら、「朝貢がうまかったん違う?」て言うから、私は「そうじゃない。賢かったんですよ」って言いました。外交が優れてるんじゃなくて、民族自体が賢かったんですよって。地理的に不利な朝鮮は古代から近代まで数多くの侵略を受け、受難の民族ですが、その苦難の中での抵抗が尊いのです。

朝鮮の歴史を読むとびっくりします。本当に血沸き肉踊るです。在日二世の私にもその正義を求める力と不条理に対峙する精神が流れているのです。わくわくします。真実の歴史を「知る」ことは本当に教育の基本です。

一九八七年、韓国は市民の力で民主化を勝ち取りましたけど、そのリーダーの咸錫憲（ハム・ソクホン）先生の『死ぬまでこの歩みで』を小杉先生が翻訳されて私にくれはったんですね。その一節に、「真実は抵抗するものだ。逆らいつつ進む。抗議しない民族は滅びる」と書いてありました。植民地時代、ものすごく抵抗して、三・一独立運動のときは市民を挙げての抵抗だったじゃないですか。

漢字は中国で二〇〇〇年前に作られましたけども、陸続きの朝鮮が習うて、日本の朝廷の求めで、百済の和邇吉師（わにきし）が論語と千字文、織物と技術者、お酒作る技術者、瓦作る技術者を送りました。百済と日本は朝廷同士の高い交流してましたからいろんな技術者と一緒に漢字、論語と千字文を携えて、王仁博士が日本に来て、朝廷に教えて人々に届くのに二〇〇年かかったらしいですね。古事記には四〇五年って書いてありますけれども、多くの歴史家の先生は大体五〇〇年頃じゃないかっていう話です。日本の漢字もそうやって朝鮮から習うた。

私、びっくりしました。なんや古代は、高句麗、百済、新羅で戦があるたんびに、朝鮮人が日本に流れてきて、日本の政治経済文化に協力して日本の文化が繁栄した。

ですから日本語の中にも今も朝鮮語がたくさんあります。母屋《おもや》もオモニの母です。地名もそうです。関東で有名な高麗神社、高麗川、高麗駅、大阪では百済から渡来した人が移住しましたので、南百済小学校、百済商店街、百済バス停、貨物の百済駅、一週間の呼び方、火曜日から土曜日まで朝鮮語と日本語はほぼ同じ発音でびっくりしました。

＊歴史教育の大切さで思う地域ミュージアム

人間は歴史教育がどんだけ大事かっていうことです。過去の歴史から叡智《えいち》をもらえるんです。そして善と悪の判断ができる。善に愛に生きようと積極的になる。真理は人を解放し、眠っていた、閉じ込められていた知性を発達させてくれるんですね。私は一世のオモニ、アボジたちの日本での苦難の生活を考えるとぜひ一世の歴史・記録を後世に残す歴史館を二世らが作らなあかんと思いました。私は、歴史館つくらなあかんと思ったんです。李先生にその話をしようと思ったんですけど、川崎教会の信徒の前で証しされまして、「私はいじめられて割り算掛け算もできませんでした。新聞も読めない学力でした」って言うたばっかりなのに、ちょっと歴史をかじったからといって言えるものじゃない。

一九七二年のことでしたが、当時の川崎教会は朴鐘碩（パク・チョンソク）の日立の就職差別の運動で、ものすごく盛り上がっていました（一九七〇年から七四年勝利）。私も誘われるままゼッケンつけてプラカードを持って銀座を歩いていたし、青年たちは就職差別にぶつかって苦しんでいたのでみんな李先生の元で不条理な差別を正す運動に一生懸命参加して熱い集会に集ってました。そういう中で、とても言える雰囲気じゃなかったんです。

それから五〇年が経って、八一歳になりました。四一歳のとき、福祉法人青丘社の集会で大阪の役者さんの新屋英子（しんやえいこ）さんの一人芝居を観ました。私は再び新屋さんの「朝鮮のハルモニ」を見て、腹立ったんですね。一番笑いを取るところが、朝鮮で育った一世のオモニたちの話し方です。リンゴを「リンコ」って言うんですね。雑巾を「ジョウキン」って言うんです。喫茶店を「キッチャテン」って言いますね。新屋英子さんは大阪生野の朝鮮人多住地域で住んでいたので朝鮮人の物まねがとってもうまいんですね。でも、笑いを取るのが、一世のそういう日本語できへん言葉なんですよ。それを聞いて私はゲーテの詩を思い出したんです。「何で笑うかでお前がわかる」。

私達二世は、一世の本当に苦労の下に生まれて、学校出してもろうて、感謝感謝なのに、一人芝居で一世の濁音できない演技で笑うたらあかんって考えたんです。でも、みんなが笑うから自分も笑うんですけど…。頭では、これは笑うたらあかんと気がつくんですね。

私のオモニはものすごい気高かかったです。いじめられるさかい、朝鮮語使わんといてって、五年生のときに頼んだら、ほっぺた張り飛ばされて、私は飛んでしまいました。「お前を馬鹿にした日本人の子、連れてこい。おかあちゃんが捕まえてやる」って朝鮮の言葉で言うんですね。私を叩きながらオモニは朝鮮語で「トミヤ、チョンシンチョリラ」。何回も繰り返し言うんです。精神を正せと。「お前の精神を正す」「まともになれ」と言ってものすごく叩かれて。私はもうおかあちゃんには絶対に学校でいじめられていることは言うたらあかんって、そのとき思いました。

オモニは自分のアボジが知事のような人でしたから、土地の権利書を渡さないからって、朝五時ごろ日本の憲法が靴のまま上がってきて連れて行きました。体の大きくて髭がお腹まであったというんです。祖父は取り調べに入ったら殴り殺されると知っていましたから隣の憲兵に体をぶつけて倒して塀を乗り越え広場に出たら村の人たちが大勢心配して集まっていた。だけど隠れる所がない。祖父は体の大きいハルモニ（おばあさん）のチマ（スカート）の中に隠れたんです。朝鮮人は日本人を憎んでいたので、みな探すふりをして五時間歩いて朝鮮で一番古い海印寺に隠しました。祖父はその三年後に病死しました。母が七歳のとき、家は没落しました。母親は「偉い人だった」って言ってました。

一世がどれほどの苦労で日本に渡ってきて、地に這いつくばって私達を育てたんかな、と思ったら歴史館がつくりたくて、二〇二一年年末に当時の川崎教会の担任牧師の李相勁、鄭富京牧師夫妻に相談するとすごく感動して賛成してくれはってすぐ周りに声かけて下さいました。本当にうれしかったです。牧師に相談して周りの人に言うたらみんな賛成してくれたんですね。

在日大韓基督教川崎教会も二〇年雨漏りがひどいので新会堂が新築されたばかりでした。教会に毎月集まってみんな声かけあって、毎月二〇人から三〇人集まって、去年の五月から副代表、事務局、書記、役員も決まりました。代表の宋富子の名前で振り込み用紙を作りました。ありがたいことに何人かに伝えるとすぐに寄付が集まりました。

役員は暑い中いろんな集会に行ってお願い文を撒きます。今一五〇人の会員です。カンパを入れたら二〇〇人ぐらいになります。一年間で、皆さんよう頑張ってくれたなと思っています。現在、経費を引いても五二〇万円残っています。本当に市民、同胞の皆さんに感謝で胸が一杯です。

このミュージアムが何で必要か思うたら、私は最初はもう在日コリアンのオモニ、アボジたちの大阪の生野の歴史館みたいにしたかったんですけど、みんなで集まってよく話し合ってみると気がついたんです。昔は保育園も「アンニョン」「おはようございます」で二つの国だったのに、今はベトナム、中国、タイ、フィリピン、ペール、バングラディッシュなど十一の国の挨拶で多様化しています。いろんな国の人がいます。せやからみんなで話し合って、韓国・朝鮮の歴史文化は中心やけど、多文化共生にした方がええということになりました。沖縄やアイヌもすごい差別されて今があるでしょう。

この間も入管法が改悪されました。なんでこんなに日本は心が狭いのかと私はもう本当に悲しくなります。ここで生まれてここで育って、やっぱり私は差別されるために生まれてきた韓国人やね。この差別をなくして平和をつくるのが私の使命やって、歴史がわかって思ったんですね。私は三一歳で李仁夏先生、小杉尅次先生、今村秀子さんとの出会いで学び愛を受けて覚醒しました。三一歳から一五年間は李先生の元で民族差別、人権運動に関わり、三三歳のとき歴史を学び、ものすごく変えられたので小杉先生から正直な心を書いて福音新聞に投稿しようと言われて書きました。

二回連載されるや早稲田大学、上智大学、市民グループ、多くの教会に招かれて在日二世の話をするようになりました。日本全国を廻りました。

その後、二〇年間は日本で初めて在日の呼びかけで市民とともに作ることになる東京・新大久保の高麗博物館を作る会に入会し、二〇年間一人芝居で全国公演しながら募金と会員化を呼びかけました。高麗博物館が開館して初代館長を六年担っているとき、滋賀県立大学の姜徳相名誉教授に依頼され文化センターアリランの副理事長を一五年間担いました。

私の自宅から新大久保のアリラン文化センターまで一時間三〇分かかります。二五年間よく通ったもんだと思いました。二〇二一年、世代交代でアリラン文化センターを辞任してやっと自由になり、私の住む同胞多住地域の川崎に多文化共生を目ざす「川崎歴史ミュージアム」設立に私の五〇年の夢を実現したいと考えました。差別しない、差別させない平和と希望の街・川崎にしたいと考えました。実現のため皆様のご協力をお願い申し上げます。

＊強制連行と日本列島に眠る朝鮮人の骨

日本の国の近代産業発展の陰で朝鮮人が多く死亡しました。日本列島は白骨列島と知りました。日本列島には朝鮮人の白骨死体がある。私達が毎日飲んでいる相模湖ダム（❶）の水も、強制連行でつくられました。もう日本の鉄道の枕木一本一本が朝鮮人の死体と言われていたと聞きました。数年前も北海道で講演しました。深川市の一乗寺の住職、殿平善彦氏の案内で追悼してきました。お寺の住職さんが北海道にはたくさんの朝鮮人がまだ、笹の下に埋まってるので発掘したいといって全国募金に歩いてらっしゃいました。行って祈りましたが、涙が止ま

りませんでした。まだまだ多く埋まっているんですね。

この山口県宇部市の長生炭鉱（❷海底炭鉱）の犠牲者もほとんどが朝鮮人ですね。沖合の坑道の水没事故で一八三人が生き埋めになり、その中の一三六人が朝鮮人でした。広島県の高暮ダム（❸）でも難工事で多くの朝鮮人が亡くなったと言われていて「白骨ダム」と呼ばれています。相模湖でも、危険な仕事はみな朝鮮人・中国人で、セメントと一緒に足を滑らして流されても、機械を止めずセメントと一緒に流されて埋められたそうですね。

相模湖も行ってみたんですけど、あの柱の中にアボジたちが埋まっているんだなって。その水を私達が毎日飲んでるんだなと思ったらね、一日も命を無駄にしたらあかんなと心が引き締まりました。

ドイツのワイツゼッカー大統領は敗戦記念日に「過去の歴史に目を閉じる者は現在にも盲目である」と言いました。二〇歳のドイツ人の青年に、「あなたたちには六〇〇万人のユダヤ人

❷

❸

虐殺の罪はない。けれども、ドイツ人として生きるのには過去の歴史を忘れてはいけない」って言いました。ワイツゼッカー大統領はこれを世界に向けて発信して、世界の人たちがその言葉に感動しました。

でも安倍首相はどうでしたか。「植民地の謝罪は孫子の代に継がせたらあかん」って、信じられへん言葉を言うやないですか。戦争責任に時効はないんですよね。菅政権は一年でしたけれども、従軍慰安婦を「慰安婦」だけにして、強制連行を「動員」に変えました。

政治が教育の中に入って歴史を歪曲する、これは国家責任やと思います。連綿と続く歴史用語を、歴史を知らない為政者たちが勝手に変えてしまう。強制連行はもう事実です。証人がいる。その子孫が日本で生きているわけじゃないですか。それを「動員」に変えた。

子供たちがそれを習うとどうなるか。こないだもバスに乗って、私びっくりしました。中学生が、「おい山本は朝鮮人だっ

❶相模湖ダム（神奈川県）
　1941〜1948年、日本初のダム。労働不足で中国人、朝鮮人を動員。危険な仕事が与えられ、多くの死者を出した。
❷床波海岸に立つ２本のピーヤ（山口県宇部市）
　ピーヤとは海底炭鉱（長生炭鉱）の排気、排水筒。1942年2月3日、海岸からおよそ1Km先の海底で、坑道の水没事故が発生し、183人が閉じ込められ、136人の朝鮮人が犠牲となった。
❸高暮ダム（広島県）
　1940~1949年、中国地方最大。過酷な労働で朝鮮人が亡くなり「白骨ダム」と呼ばれている。
❹立待岬（北海道）
　だまされて連れてこられた朝鮮人女性が、集団でチマチョゴリ姿で投身自殺をしたという証言が残っている。
──配布資料から。

てな」って言ってるんです。三人で制服着て。一人の子が「朝鮮人は昔日本人の奴隷だったんだよな」って。私はウトウトしてて、「奴隷」とい言葉でぱっと起きたら、その子たちと目が合ったんです。そしたら口をつぐみました。

私は何も言いませんでしたけど、学校で植民地を教えても、それがどんなに悪いことなのかを教えてないし、朝鮮人の抵抗運動を教えてないから、朝鮮人を奴隷にして使うたみたいな受け取り方しかできへんのです。善悪の判断ができないんです。

加害の歴史を教えない。為政者の愚民政策に識者も市民も気づいて声を上げていかないと、いつまでも市民は無知のまま付和雷同です。まともな教育をしないと社会と文化は悪い方に押し流されて戻れません。だから地域で在日と市民、ニューカマーで作る歴史館が大切なのです。

＊多文化共生ミュージアムづくりにご協力ください

私はやっぱり歴史館を建てて、在日のアボジ、オモニたちを中心にして、社会の少数者、いろんな人たちが誰とでも連帯できる、孤独じゃない、そんな素敵なミュージアムにしたいと思うんです。

今は在日も五世の時代で、うちのひ孫も日本人と結婚するような時代です。そうすると日本国籍で日本名使って大きくなるやないですか。今ちょうど韓流で、韓国の若者の踊りはものすごいかっこええから、うちの孫なんかも学校で嫌なことはないと言うようになった。「アッパ（父）が韓国人って友達に言うと、すんごい、みんなかっこいいって羨ましがられるよ」と言うて。友達がうちに泊まって、キムチなんかパクパク食べるんですね。それ見て私は、時代は変わったけど歴史を教える日本の教育だけが変わってないから、この多文化共生のミュージアムは絶対地域に作らなあかんと思うんです。

そうすると、地域の子供たちが学校で習ってへん歴史をミュージアムで習う。地域の子供たち、そのお母さんたちお父さんたちが変わって、学習の場になる、ゼミの場になるんです。

今年の一一月に在日三代の私の自己史が、明石書店から出ます。それが出たら韓国語と英語に翻訳して、世界の人たちに、在日コリアンが良心的な日本人と一緒に平和を作っていると訴えて、韓国行って募金して回ろうと思ってます。

皆さんぜひ、私と広げて下さい。正会員に加入して下さい。毎月第四土曜日一時から川崎教会三階でやっています。正会員で年会費五千円です。日本の平和を作るための、学習の場をみんなでつくるために協力してほしい。趣旨に賛同してくれる人やったら、誰でも喜んで受け入れていますので来てください。

ジョン・レノンの妻のオノ・ヨーコさんは「一人で見る夢は夢に終わるけど、みんなで見る夢は実現する」と予言されています。

皆さんどうか協力してください。私は一緒にやりたいと思います。おおきに、ありがとうございました。

〔質疑応答〕

（Q）私の妻もフィリピン人でして今日の話も身近に聞かせていただきました。息子もフィリピンとのハーフですから、今後のアイデンティティをどういうふうに作っていくかに関心があります。

一つ気になったのが、この「在日コリアンは平和を創る使者である」という宋さんの文章の中にある、「私は在日一世の歴史を知って、六〇万人の朝鮮人は天が憐んで日本の平和を創るため日本に残してくださったんだと信じました」とあります。そこのところをもう少し詳しくお話しいただければと思います。

（A）敗戦のとき、日本に韓国・朝鮮人は二三〇万人いたんです。日本が敗戦して私達は解放になりました。うちの母親は一人娘で、養子はいましたけれども、韓国に帰っても生活の基盤がないから不安で帰れなかった。ボロ買いして子どもを六人育てていたからお金がない。でも帰るつもりで荷物をまとめていたら養子に「姉さん、このお金でどうして朝鮮帰る」って言われた。オモニは養子を張り飛ばして「お前だけ帰り、私は帰らへん」って言いました。帰っても親戚もいないし生活の基盤がない。それで残ったんですけど、二三〇万人の中で残った六〇万人はいろんな事情で涙をのんで残ったんですね。

帰りたいのに帰れない。私はクリスチャンですから、天が日本の平和をつくるために残してくれたん違うかなって思った。事実在日一世の九州・小倉教会の崔昌華牧師も自分の存在をかけて差別と不条理と闘って三六歳で大学の法科に入学し、一〇年間、人権を勉強された清い先生です。NHKに韓国人の名前の呼び方を民族名で呼ぶように慣習を変えました。一世の李仁夏先生は労働者の街・川崎で命がけで闘って三六年間で人権の街にしました。そして二世の私は神奈川県で初めて多文化共生の歴史ミュージアム建設に立ち向かっている。そういう意味で言いました。

(Q) 話を聞きながら非常に励みになった、そういう気持ちがしました。実は私も奈良の部落の出身なんです。ひょっとしたら私は宋富子さんの一〇年ぐらい遅れて同じ道を歩いて来たんだ。そんな感じがいたします。だから他人事じゃなく、私も頑張ってやらなくちゃなんないなという、そういう思いをいたしました。

(A) 嬉しいです。ぜひ教会に来てください。

(Q) 神戸大学の学生です。今日はお話を伺おうと思って神戸からやってまいりました。私、母が韓国人っていうところもあるんですけれど、在日コリアンの戦後史をずっと研究しています。最近、在日の方々のミュージアムをあちこちでつくる動きがあります。神戸でも準備がされてますし、大阪では去年生野に歴史館ができたばかりです。この川崎にできる多文化ミュージアムは、関西や、元々ある東京とか近郊の他のミュージアムと協力したりとか連携したりしていますか?

(A) 役員さんたちは京都の「ウトロ祈念館」や大阪の生野の「大阪コリアタウン資料館」も見てきましたし、今年の一一月には神戸の長田に「在日コリアンくらしとことばのミュージアムが開館予定です。私も一〇月末に大阪での講演が入ったのでウトロと生野は見学する予定でいます。川崎ミュージアムと連帯しようと思っています。

(Q) それが大事だと思っていて、やっぱり日本では公立のミュージアムがそうした多文化を扱うのはなかなか辛いですから、民間のミュージアムはポツポツできていくのじゃなくて、連帯していくことがすごく大事だなと思ってます。

（A）数年前に二年間、北海道で講演ツアーを組んでくださいました。それで、アイヌの資料館に行きました。でもいろいろ回っても、アイヌの生活文化ばかりで、日本がどれだけ加害をしたか、その歴史がないんです。それは日本政府が許可してくれない。加害の歴史は隠すと決まっているんですね。

これはあかん。事実は事実として伝えないといけないんです。だから、県や市からお金もらわないで、在日コリアンと市民の力で私はやりたい。国や県で支援してお金もらうとクレームがつく。学校では教えない真実の歴史、在日コリアンの一〇〇年の歴史は日本の近代史を表す鏡と言われています。差別をしない、させない平和で明るい希望の街・川崎にするために在日二世、三世の私たちと市民、ニューカマーの皆さんとたのしく建設したいと思ってます。皆さんのご協力とご支援をお願いいたします。

（日韓記者・市民セミナー　第五六回　二〇二四年五月二三日）

●「多文化共生をめざす川崎歴史ミュージアム」

―年会費―

・正会員　一口　５０００円

・賛助会員　一口　３０００円

・維持会員　一ヶ月　三〇〇〇円、五〇〇〇円、一〇〇〇〇円

・寄付・カンパ　一口　一〇〇〇円以上（何口でも）

〔振込先〕

ゆうちょ銀行　口座番号　００２８０―５―１４５９８４

加入者名　川崎歴史ミュージアム

＊お問い合わせ＊

〒２１０―０８３３

川崎市川崎区桜本１―８―22

社会福祉法人　青丘社　みんなの家気付

（電話）０９０―５５３５―５０５１

〔著者紹介〕

・金　守珍（キム・スジン）

1954年、東京都生まれ。蜷川スタジオを経て、唐十郎主宰「状況劇場」で役者として活躍。1987年、新宿梁山泊を結成。旗揚げより演出を手掛け、テント空間、劇場空間を存分に使うダイナミックな演出力が認められている。1999年にはニューヨークで『少女都市からの呼び声』を公演。演出以外にも広く活動し、役者としても広く活躍している。

2001年日韓合作映画『夜を賭けて』で初監督。第57回毎日映画コンクールスポニチグランプリ新人監督賞、第43回日本映画監督協会新人賞を受賞した。

・広戸　聡（ひろと さとし）

1956年、島根県生まれ。秋田雨雀・土方与志記念青年劇場の付属養成所を経て同劇団所属。「銃口—教師・北森竜太の青春」「族譜」「骸骨の舞跳」「呉将軍の足の爪」のほか、中津留章仁作品、飯沢匡作品、瓜生正美作品や福山啓子作「深い森のほとりで」「あの夏の絵」など多くの青年劇場公演をはじめ、NHK連続ドラマ「ゲゲゲの女房」新国立劇場「涙の河、銀河の丘」韓国現代戯曲リーディング「山火」など出演多数。日韓合作公演「カムサハムニダ」などでは演出助手を務めた。2007年から2021年まで日韓演劇交流センター委員。

・宋　富子（ソン・プジャ）

1941年、奈良県の被差別部落で在日朝鮮人二世として生まれる。子どもの保育園入園をきっかけにキリスト教と出会う。祖国と日本の歴史を学んで、ありのままの自分を愛することを知り、民族と人権に目覚める。「川崎子どもを見守るオモニの会」会長。1988年より、自身の体験をまとめた在日三代史を一人芝居で公演するようになる。「高麗博物館をつくる会」に尽力。2001年、東京・新宿区大久保に高麗博物館が開館。現在、同館名誉館長。

＊日韓記者・市民セミナー　ブックレット 17 ＊

日韓史の真実に迫る演劇・文化

2024 年 9 月 30 日　　初版第 1 刷発行

著者：金守珍、広戸聡、宋富子

編集・発行人：裵哲恩（一般社団法人ＫＪプロジェクト代表）

発行所：株式会社 社会評論社

東京都文京区本郷 2-3-10

電話：03-3814-3861　Fax：03-3818-2808

http://www.shahyo.com

装丁・組版：Luna エディット .LLC

印刷・製本：株式会社 プリントパック

YouTube「KJテレビ」日韓記者・市民セミナー

動画配信　二〇二四年九月三〇日現在（一部、韓国語字幕あり）
●印はブックレット収録済

●第1回　二〇一九年八月三日
関東大震災「朝鮮人虐殺否定」論反証　加藤直樹（作家）

●第2回　二〇一九年九月二五日
よく知らない韓国（人）を知ろう　権　鎔大（経営コンサルタント）

●第3回　二〇一九年一〇月一八日
特攻隊員として死んだ朝鮮人の慰霊事業　黒田福美（女優）

●第4回　二〇一九年一〇月二六日
ＪＯＣの不可解な動き　谷口源太郎（スポーツジャーナリスト）

●第5回　二〇一九年一一月二四日
北送事業60年の総括　菊池嘉晃（ジャーナリスト）

●第6回　二〇一九年一二月一二日
韓国ヘイトと対処法　香山リカ（精神科医）

●第7回　二〇一九年一二月一七日
在日二世の数奇な半生　尹　信雄（元民団倉敷支部団長）

●第8回　二〇二〇年二月一〇日
安倍政権の内政と外交　小池　晃（日本共産党書記局長）

●第9回　二〇二〇年二月二一日
南北韓と韓日関係の展望　平井久志（ジャーナリスト）

●第10回　二〇二〇年七月一日
虚構の「嫌韓」からの解放

●第11回　二〇二〇年七月一五日
川崎でのヘイトスピーチ攻防

●第12回　二〇二〇年八月五日
在米コリアンと日系米人社会

●第13回　二〇二〇年八月二六日
多様性の中の在日コリアン

●第14回　二〇二〇年九月二日
朝日新聞の慰安婦報道と裁判

●第15回　二〇二〇年九月一六日
平行線をたどる徴用工問題

●第16回　二〇二〇年一〇月一六日
『評伝 孫基禎』の上梓とその後

●第17回　二〇二〇年一〇月三〇日
復刻『関東大震災』の意義

●第18回　二〇二〇年一一月一八日
キムチが食べられる老人ホーム・故郷の家

●第19回　二〇二〇年一一月三〇日
日本学術会議会員任命拒否問題の背景

●第20回　二〇二〇年一二月八日
差別と偏見の現場取材

●第21回　二〇二一年四月二七日
『韓国ドラマ食堂』の話

澤田克己（毎日新聞論説委員）

石橋　学（神奈川新聞記者）

金真須美（作家・大学講師）

金村詩恩（作家・ブロガー）

北野隆一（朝日新聞編集委員）

殷　勇基（弁護士）

寺島善一（明治大学名誉教授）

高　二三（新幹社社長）

尹　基（社会福祉法人「こころの家族」理事長）

纐纈　厚（明治大学特任教授）

安田浩一（ノンフィクションライター）

八田靖史（コリアン・フード・コラムニスト）

●第22回　二〇二一年七月一四日
差別実態調査から見るヘイト　権　清志（朝鮮奨学会代表理事）
●第23回　二〇二一年一一月六日
映画『在日』上映と呉徳洙監督を語る　清水千恵子（映画『在日』スタッフ）
●第24回　二〇二一年一一月一九日
記憶を拓く「信州・半島・世界」　田中陽介（信濃毎日新聞編集局デスク）
●第25回　二〇二一年一二月一三日
外国人は「害国人」ですか―日本の「入管体制」を検証する　田中　宏（一橋大学名誉教授）
●第26回　二〇二二年一月一四日
歴史事実に介入する政府と「作る会」　鈴木敏夫（子どもと教科書全国ネット21事務局長）
●第27回　二〇二二年三月一一日
在日オペラ歌手が願う日韓関係　田　月仙（オペラ歌手）
●第28回　二〇二二年三月二六日
日韓関係の危機をどう乗り越えるか　日韓協約の不存在から考える　戸塚悦朗（弁護士）
●第29回　二〇二二年四月一六日
時務の研究者「姜徳相」関東大震災時の朝鮮人虐殺研究　山本すみ子（姜徳相聞き書き刊行委員会）
●第30回　二〇二二年五月一〇日
参議院選に出馬〜誰もが大切にされる社会実現へ　金　泰泳（東洋大教授）
●第31回　二〇二二年六月二七日
絶望から希望を見出す　川崎桜本をめぐる　ふたつの物語　金聖雄（映画監督）
●第32回　二〇二二年七月九日
民族的連帯から見るインターナショナリズム 中野重治の朝鮮認識を手がかりに　廣瀬陽一（大阪公立大学客員研究員）
●第33回　二〇二二年七月一七日
在日コリアン研究40年を振り返る　朴　一（大阪市立大学名誉教授）

●第34回　二〇二二年八月三日
ヘイトスピーチ・ヘイトクライム根絶に向けて　師岡康子（弁護士）
●第35回　二〇二二年八月二七日
指紋押捺拒否からヘイトスピーチ根絶へ　ピアノ&トーク　崔　善愛（ピアニスト、週刊金曜日編集委員）
●第36回　二〇二二年九月一三日
「先生不足」が生んだ学校崩壊の現実　安倍「教育再生」路線がもたらしたもの　竹村雅夫（藤沢市議会議員）
●第37回　二〇二二年九月二二日
民主主義を壊す政治と宗教の癒着　旧統一教会の問題性　有田芳生（前参議院議員）
●第38回　二〇二二年一〇月七日
総連と民団の相克77年　竹中明洋（フリーライター）
●第39回　二〇二二年一〇月二三日
川越唐人揃いパレードの18年間の取り組み　朝鮮通信使の精神を現代に継承　江藤善章（実行委代表）
●第40回　二〇二二年一一月四日
浅川伯教・巧兄弟への敬愛と感謝　河　正雄（私塾清里銀河塾塾長）
●第41回　二〇二二年一二月一四日
キムはなぜ裁かれたのか　BC級戦争裁判　内海愛子（同進会を応援する会代表）
●第42回　二〇二三年一月一九日
朝鮮半島取材30年、現場で見た南と北　城内康伸（元東京新聞編集委員・東アジア担当）
○第43回　二〇二三年二月一〇日
障害福祉の課題　金重政玉（元内閣府障がい制度改革推進会議政策企画調査官）
○第44回　二〇二三年三月一一日
ソウルから東京を歩く　「第九次朝鮮通信使の意義」　遠藤靖夫（21世紀の朝鮮通信使ウオークの会会長）
●第45回　二〇二三年四月一九日
旧世代とは一味違う在日三世の生き方　姜　龍一（作家）

○第46回　二〇二三年五月一五日
東洋医学の日韓交流―韓国伝統の「気」の体験　裵　晙映（鍼灸師）
●第47回　二〇二三年五月三一日
コリアンルーツの目から見た日本社会　深沢　潮（小説家）
●第48回　二〇二三年六月二四日
反ヘイトのロードマップを考えるために　金　展克（民団支部事務部長）
●第49回　二〇二三年七月二九日
尹東柱の愛と死の物語「星をかすめる風」を顕彰する　広戸　聡（俳優）
●第50回　二〇二三年八月七日
関東大震災朝鮮人虐殺から百年、歴史隠蔽を撃つ　呉　充功（映画監督）
●第51回　二〇二三年九月一五日
我が演劇人生を語る　金　守珍（演出家）
○第52回　二〇二三年一〇月七日
アボジ孫基禎の生き様　金メダルから平和マラソンへ　孫　正寅（元民団中央局長）
●第53回　二〇二三年一〇月二八日
次世代に伝える日本と朝鮮半島の話　羽原清雅（元朝日新聞政治部長）
○第54回　二〇二三年一一月二五日
ヘイトをのりこえる多文化共生教育　風巻　浩（都立大学特任教授）
○第55回　二〇二三年一一月二五日
ヘイトをのりこえ、ともに生きる　金　迅野（在日大韓横須賀教会牧師）
●第56回　二〇二四年五月二三日
「多文化共生をめざす川崎歴史ミュージアム」設立へ　宋　富子（高麗博物館名誉館長）
○第57回　二〇二四年六月一二日
保護司活動二四年を振り返る　李　秀夫（善隣厚生会理事長）

○第58回　二〇二四年七月一二日
韓国人Jリーガーに見る「韓日スポーツ交流」　慎　武宏（スポーツジャーナリスト）
○第59回　二〇二四年九月八日
演劇『革命少年』で人生を描く　李　敬司（車体修正機製造メーカー会長）
○第60回　二〇二四年九月二〇日
在日障害者の無年金問題を解決せよ　李　幸宏（年金制度の国籍条項を完全撤廃させる全国連絡会会長）

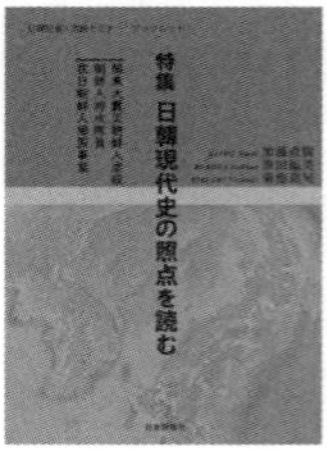

創刊号
特集　日韓現代史の照点を読む
加藤直樹／黒田福美／菊池嘉晃
A5判　一一二頁　本体九〇〇円＋税　二〇二〇年八月一五日発行

コロナの時代、SNSによるデマ拡散に虚偽報道と虐殺の歴史がよぎる中、冷え切った日韓・北朝鮮関係の深淵をさぐり、日韓現代史の照点に迫る。関東大震災朝鮮人虐殺、朝鮮人特攻隊員、在日朝鮮人帰国事業の歴史評価がテーマの講演録。

第2号
ヘイトスピーチ　攻防の現場
石橋学／香山リカ
A5判　一〇四頁　本体九〇〇円＋税　二〇二〇年一一月一〇日発行

川崎市で「差別のない人権尊重のまちづくり条例」が制定され、ヘイトスピーチに刑事罰が適用されることになった。この画期的な条例は、いかにして実現したか？　ヘイトスピーチを行う者の心理・対処法についての講演をあわせて掲載。

第3号
政治の劣化と日韓関係の混沌
纐纈厚／平井久志／小池晃
A5判　一一二頁　本体九〇〇円＋税　二〇二一年二月一二日発行

政権はエピゴーネンに引き継がれ、学会へのあからさまな政治介入がなされた。改憲の動きと併せて、これを「〝新しい戦前〟の始まり」と断じることは誇張であろうか。日本学術会議会員の任命拒否問題を喫緊のテーマとした講演録ほかを掲載。

第4号
引き継がれる安倍政治の負の遺産
北野隆一／殷勇基／安田浩一
A5判　一二〇頁　本体九〇〇円＋税　二〇二一年五月一〇日発行

朝日新聞慰安婦報道と裁判、混迷を深める徴用工裁判、ネットではデマと差別が拡散し、ヘイトスピーチは街頭から人々の生活へと深く潜行している。三つの講演から浮かび上がるのは、日本社会に右傾化と分断をもたらした安倍政治と、引き継ぐ菅内閣の危うい姿。

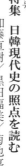

第5号
東京２０２０　五輪・パラリンピックの顛末
——併録　日韓スポーツ・文化交流の意義
谷口源太郎／寺島善一／澤田克己　Ａ５判　一〇四頁　本体九〇〇円＋税　二〇二一年九月一〇日発行

コロナ感染爆発のさなかに強行された東京五輪・パラリンピック。贈賄疑惑と「アンダーコントロール」の招致活動から閉幕まで、不祥事と差別言動があらわとなった。商業主義と勝利至上主義は「オリンピックの終焉」を物語る。

第6号
「在日」三つの体験
——三世のエッジ、在米コリアン、稀有な個人史
金村詩恩／金真須美／尹信雄　Ａ５判　一〇四頁　本体九〇〇円＋税　二〇二一年一二月五日発行

三人の在日コリアンが実体験に基づき語るオムニバス。日本社会で在日三世が観る風景。在米コリアンと在日三世の出会い。日本人の出自でありながら「在日」として生き、民団支部の再建と地域コミュニティに力を尽くした半生を聴く。

第7号
キムチと梅干し—日韓相互理解のための講演録
権鎔大／尹基／八田靖史　Ａ５判　一〇四頁　本体九〇〇円＋税　二〇二二年三月一〇日発行

互いにわかっているようで、実はよくわからない——そこを知る一冊。韓国文化と生活習慣の理解が在日高齢者の介護に不可欠だという「故郷の家」。韓国ドラマの料理から文化と歴史を探る。

第8号
歴史の証言—前に進むための記録と言葉
田中陽介／高二三／金昌寛、辛仁夏、裵哲恩、清水千恵子　Ａ５判　九六頁　本体九〇〇円＋税　二〇二二年六月二八日発行

講演で紹介された信濃毎日新聞の特集は、誠実に歴史に向き合うことの大切さを教えてくれる。姜徳相著『関東大震災』復刻と、呉徳洙監督の映画『在日』は、前に向かって進むためのかけがえのない歴史記録。

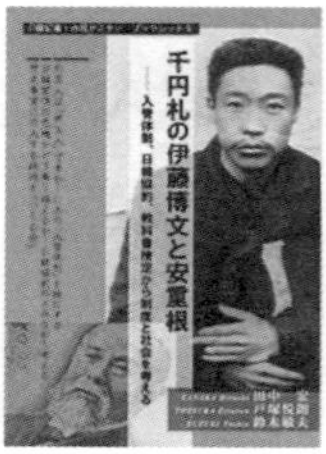

第9号
千円札の伊藤博文と安重根
――入管体制、日韓協約、教科書検定から制度と社会を考える

二〇二二年九月二七日発行

田中宏／戸塚悦朗／鈴木敏夫　A５判　一〇四頁　本体九〇〇円＋税

外国人に対する入国管理と日本社会――、そこに現れる差別と排外主義の歴史をたどると、日本による勧告併合に行き着くという。安重根（アン・ジュングン）による伊藤博文銃撃事件と、今どのように捉えるか…。近現代の歴史を教える学校教育と教科書検定の現在を併せて検証する。

第10号
ヘイト・差別の無い社会をめざして
――映像、人権、奨学からの取り組み

二〇二三年一月二〇日発行

金聖雄／師岡康子／權清志　A５判　一〇四頁　本体九〇〇円＋税

ヘイトスピーチは単なる暴言や憎しみの表現ではなく、本質的に差別である。社会からこれを無くすための、川崎・桜本の映画制作、法と条例の限界を超えて進もうとする法廷闘争、在日の若者たちに対する差別実態調査など三つの取り組みを紹介する。

第11号
いま解決したい政治課題
――政治と宗教、学校崩壊、定住外国人参政権

二〇二三年四月一五日発行

有田芳生／竹村雅夫／金泰泳　A５判　一一二頁　本体九〇〇円＋税

政治に関わる三つの講演。一つ目は政治との癒着が明るみに出た旧統一教会の実体と問題性。二つ目は全国で起きている学校崩壊の現実。三つ目は日本に帰化して参政権を取得し参院選に立候補した在日二世の生き方。

第12号
日韓友好・多文化共生への手がかり
――過去に学び未来に向かう三つの形

二〇二三年六月一〇日発行

田月仙／河正雄／江藤善章　A５判　一〇四頁　本体九〇〇円＋税

絶賛を博した在日二世の創作オペラ『ザ・ラストクイーン』、植民地支配の時代に朝鮮の風俗と文化を愛した浅川伯教・巧兄弟、豊かな文化交流を実現した朝鮮通信使に光を当て、日韓友好・多文化共生への手がかりを考えます。

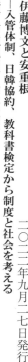

第13号
消してはならない歴史と「連帯の未来像」

二〇二三年八月一五日発行

廣瀬陽一／内海愛子／山本すみ子　A５判　一一二頁　本体九〇〇円＋税

日本と韓国・朝鮮の間には、未だ超えることができず、そして消してはならない歴史がある。国境を超えたインターナショナリズム、その連帯の未来像はどのようなものなのか？　関東大震災・朝鮮人虐殺から百年、友好と信頼への道を考えさせる講演録。

第14号
関東大震災朝鮮人虐殺から百年
——問われる日本社会の人権意識

二〇二三年一一月一五日発行

呉充功／深沢潮／崔善愛　A５判　一一二頁　本体九〇〇円＋税

関東大震災から百年の二〇二三年、行政・メディアは未曾有の災害から教訓を引き出す取り組みを行った。だが、朝鮮人虐殺の真相はいまも闇に消されたままであり、この明かされない負の歴史が、ヘイトクライムの現在に繋がっている。三つの講演が日本社会の人権意識を問いかける。

第15号
日本人でなくコリアンでもなく
——「在日」の自意識と反ヘイト

二〇二四年二月二〇日発行

朴一／姜龍一／金展克　A５判　一〇四頁　本体九〇〇円＋税

日本社会の内なる国際化はこの多様性を大切にするかどうかで決まり、今はその分岐点にあるという。三世が語るように、世代を重ねるごとに在日の自意識も変わっていく。さらに法制度の観点から、根強く続く差別とヘイトを克服するための道筋を考える。

第16号
朝鮮半島の政治と在日

二〇二四年四月三〇日発行

城内康伸／竹内明洋／羽原清雅　A５判　九八頁　本体九〇〇円＋税

日本の植民地支配、解放後の戦争・民族分断と、苦難の歴史を歩んだ朝鮮半島は今も統一を果たせずにいる。日本人記者がソウルと北京で見た南北対立の現実と、ドキュメンタリー作家が描く総連・民団の相克。そこに生きる「在日」の意識は世代を重ねるごとに変わってゆく。

ブックレット創刊のことば

日韓関係がぎくしゃくしていると喧伝されています。連日のように韓国バッシングする夕刊紙、書店で幅を利かせる「嫌韓」本、ネットにはびこる罵詈雑言。韓流に沸いた頃には考えられなかった現象が日本で続いています。その最たるものが在日を主なターゲットにしたヘイトスピーチです。

一方の韓国。民主化と経済成長を実現する過程で、過剰に意識してきた、言わば目の上のたんこぶの日本を相対化するようになりました。若い世代にすれば、「反日」は過去の遺物だと言っても過言ではありません。支持率回復を企図して政治家が「反日」カードを切るパフォーマンスも早晩神通力を失うでしょう。

ことさらに強調されている日韓の暗の部分ですが、目を転じれば明の部分が見えてきます。両国を相互訪問する人たちは二〇一九年に一〇〇〇万人を超え、第三次韓流は日本の中高生が支えていると知りました。そこには需要と供給があり、「良いものは良い」と素直に受け入れる柔軟さが感じられます。

コリア（K）とジャパン（J）の架け橋役を自負するKJプロジェクトは、ユネスコ憲章の前文にある「相互の風習と生活を知らないことは、人類の歴史を通じて疑惑と不信をおこした共通の原因であり、あまりにもしばしば戦争となった」「戦争は人の心の中で生まれるものであるから、人の心の中に平和のとりでを築かなくてはならない」との精神に立脚し、日韓相互理解のための定期セミナーを開いています。

このブックレットは、趣旨に賛同して下さったセミナー講師の貴重な提言をまとめたものです。食わず嫌いでお互いを遠ざけてきた不毛な関係から脱し、あるがままの日本人、韓国人、在日の個性が生かされる多文化共生社会と、国同士がもめても決して揺るがない市民レベルの日韓友好関係確立を目指します。

二〇二〇年八月

一般社団法人 KJ プロジェクトは、会費によって運営されています。日韓セミナーの定期開催、内容の動画配信、ブックレット出版の費用は、これにより賄われます。首都圏以外からも講師の招請を可能にするなど、よりよい活動を多く長く進めるために、ご協力をお願いします。

会員登録のお問い合わせは、

▶ KJ プロジェクトメールアドレス cheoleunbae@gmail.com へ